KB194483

예스 3,

밀알의 소명

예스 3, 밀알의 소명

발행일	2017년 7월 7일

지은이	임 동 훈
펴낸이	손 형 국
펴낸곳	(주)북랩

편집인	선일영	편집	이종무, 권혁신, 송재병, 최예은, 이소현
디자인	이현수, 이정아, 김민하, 한수희	제작	박기성, 황동현, 구성우
마케팅	김회란, 박진관, 김한결		

출판등록 2004. 12. 1(제2012-000051호)
주소 서울시 금천구 가산디지털 1로 168, 우림라이온스밸리 B동 B113, 114호
홈페이지 www.book.co.kr
전화번호 (02)2026-5777   팩스 (02)2026-5747

ISBN 979-11-5987-673-8 04230(종이책) 979-11-5987-674-5 05230(전자책)
979-11-5987-557-1 04230(세트)

이 도서의 국립중앙도서관 출판예정도서목록(CIP)은 서지정보유통지원시스템 홈페이지(http://seoji.nl.go.kr)와
국가자료공동목록시스템(http://www.nl.go.kr/kolisnet)에서 이용하실 수 있습니다.
(CIP제어번호 : CIP2017015905)

예수 나라 옴니버스 3번

예스 3,

밀알의 소명

임동훈 지음

지금도 우리 삶 속에 살아계시는 하나님의 계시와 영성을 기록한
한 목사의 감동 신앙 간증집

북랩 book Lab

글머리에

『예스 1, 휴먼 드라마』와 『예스 2, 소망의 불씨』에 이어, 예수나라 옴니버스 3번 『예스 3, 밀알의 소명』을 세상에 내놓게 되었다. 주님의 은혜에 한없는 감사를 드린다.

예수나라 옴니버스 시리즈는 저자의 실생활을 통한 주님의 영성 이야기다. 하나님의 사랑 이야기, 예수님의 구원 이야기, 성령님의 은혜 이야기가 저자의 인생 이야기와 어우러져 감동적인 드라마를 연출하고 있다.

그리스도인을 통한 하나님의 계시는 너무나 다양하여 우리가 다 드러낼 수 없다. 천의 천승보다 무한하고 만의 만승보다 무궁하다. 우리의 3차원적 이성이나 4차원적 영성에 의해 결코 설명되지 않는다.

그러나 하나님께서는 언제 어디서나, 누구에게나 최선의 계시를 하신다. 성경은 우리의 생활 교과서요, 구원을 위한 지침서다. 예수님은 우리에게 최고의 본을 보이신 선생님이요, 성령님은 우리의 영성을 통해 하나님의 나라로 인도하신다.

우리는 항상 하나님 앞에서 낮아지고 겸손하기를 배워야 한다. 그래야 예수 그리스도에 의한 구원의 은총을 한껏 누릴 수 있다. 보혜사 성령님의 비추심이 여러분과 함께하기를 빈다.

건전한 교훈은 복되신 하나님의 영광스러운 복음에 맞아야 합니다. 나는 이 복음을 전할 임무를 맡았습니다. (디모데전서 1. 11)

2017. 6. 12

예수나라 청지기

차 례

제13편 도피성 예수 / 91

제14편 밀알의 소명 / 133

제11편

끝없는 시련

322. 피로

　도저히 일찍 일어날 수가 없었다. 몸이 천근만근이었다. 잔금 일자가 도래한 3건의 계약이 해지되거나 보류되었고, 중개한 물건까지 이전 서류가 떨어지지 않았다. 이런저런 일들로 쌓인 피로가 체력 저하 등으로 현실감 있게 다가왔다.

　인제 나도 시들고 있음을 느낀다. 누가 인생을 일장춘몽이라고 했던가? 나도 예외가 아닌 것 같다. 잠에서 깨어나긴 했으나 일어나지 못하고 다시 눈을 감았다. 그때 일간 신문이 보였다. 일면에 톱기사로 이런 문구가 있었다.

　'국민 은행 보송보송'

　하지만 그게 무엇을 의미하는지 도저히 알 수가 없었다. 지금도 마찬가지다. (2004. 9. 1)

323. 좋은 길

　'좋은 길'이라는 과자를 준다고 해서 줄을 서 있었다. 그 줄은 끝이 없었고, 사람들로 인산인해를 이루었다. 생전에 그 과자를 받아먹을까 의심이 들 정도였다. 그때 갑자기 줄이 쑥쑥 줄어들어 좁은 골목길로 접어들었다.

　그런데 그리로 들어가는 사람은 보여도 나오는 사람은 보이지 않았다. 나가는 길이 따로 있는 듯했다. 잠시 후 나도 안으로 들어갔다. 실로 들어가는 길과 나가는 길이 따로 있었다.

거기 초라한 노인이 쪼그리고 앉아 과자를 구웠다. 그 옆에 과자를 구워 담아 놓은 쇼핑백 몇 개가 있었다. 사람들은 그것을 하나씩 들고 뒷골목으로 빠져나갔다. 나가는 길이 좁고 지저분했다. 모두 달콤한 과자에만 신경을 썼지, 그 길은 아랑곳하지 않았다.

어느 집 창가에서 옆집을 바라보았다. '돈 쓰는 문'이 부지런히 방 청소를 하고 있었다. 그 집은 조그만 단칸방이었다. 그런데도 청소가 쉽게 끝날 조짐이 없었다. 그가 이리저리 왔다 갔다 하면서 열심히 짐도 옮기고, 치울 것은 치우고 정리할 것은 정리했다.

그렇게 열심히 하더니, 이윽고 청소가 끝났다. 오후 1시에 시작하여 6시가 되었다. 어느덧 해가 서산에 걸려 황혼이 깃들었다. 그때 나와 함께 그의 모습을 지켜보던 '빛나는 권세'가 말했다.

"참 좋은 돈'이라는 청년이 입원했다고 해서 문병을 갔었지. 그런데 의사가 살 가망이 없다는 거야. 그래서 가족들이 일본에 가서 치료해보고, 거기서도 안 된다고 하면 미국으로 가보자고 했어. 하지만 그는 거기서 그냥 죽고 싶다고 했지. 그리고 자신이 살아온 인생 이야기를 소상히 들려주면서 가족들을 권면했어. 그때 그 말을 들은 사람들이 모두 숙연했어." (2004. 9. 3)

324. 남쪽 길

북녘땅 어느 집에 머물다가 길을 나섰다. 그런데 얼마 안 가서, '부질없는 걱정' 목사가 홀로 북쪽 길로 갔다. 무엇인가 우리를 믿지 못해 함께하기 싫다는 뜻으로 여겨졌다. 그래서 나는 아쉬움이 많아 이렇게 인사했다.

"그러면 목사님, 다음에 뵙겠습니다."

그리고 우리는 계속 남쪽 길로 내려갔다. 그런데 얼마 가다가 동행한 두 사람이 서쪽 길로 갔다. 그래서 나만 홀로 남쪽 길로 내려가게 되었다. (2004. 9. 4)

325. 돌산 길

오전 9시에 예배를 드리다가 환상을 보았다. 화강암 바위두싱이의 큰 돌산이 있었다. 그 돌산 사이사이로 좁은 길이 보였다. 막힌 곳이 없는가 하여 살펴보았으나 다행히 없었다.

그런데 그 강한 화강암을 깎아 굽이굽이 만들어놓은 돌산 길이, 그 산을 넘어 다른 산까지 멀리 뻗어 있었다. (2004. 9. 5. 주일)

326. 결산서

'거룩한 기운'과 결산을 했지만, 마무리가 되지 않아 애를 태웠다. 여기저기 왔다 갔다 하면서 이리저리 맞춰보았으나 맞지 않았다. 대상은 은행과 법원, 그리고 토지였다.

그러다가 얼마 후 은행과 법원의 정산이 끝났다. 이어서 토지를 정산하려고 했다. 그때 '거룩한 기운'이 말했다.

"토지 정산은 현장을 다녀와야 한다. 여기서 95㎞쯤 떨어져 있다."

그래서 위를 쳐다보았더니 이정표가 있었다. 하지만 나는 이미 지쳐 있었다. 게다가 불과 얼마 전에 다녀온 곳이라서 짜증이 났다.

"또 저기를 다녀와야 한단 말인가? 95㎞가 무슨 애들 이름인가?"

그러자 그가 한 발짝 물러서 말했다.

"그러면 나중에 가보기로 하고 …"

그가 말끝을 흐리면서 결산서를 넘겨주었다. 그 결산서는 다소 두께가 있는 책자였다. 나만이 아니라 다른 사람의 결산서도 함께 들어 있는 것 같았다.

그런데 그 책자를 이리저리 넘겨보았으나 내 결산서는 보이지 않았다. 그래서 벤치에 앉아 쉬고 있는 그를 불러 물어보았다. 그러자 앞쪽과 뒤쪽을 넘기며 3곳을 가리켜 주었다. 결산서는 은행과 법원, 토지가 구분돼 있었으며, 대차대조표와 손익계산서 같은 재무제표도 함께 붙어 있었다.

그리고 은행과 법원의 결산에 따른 이익금은 즉시 내 통장으로 입금되었다고 했다. 하지만 토지는 총액에서 원가를 공제한 이익금이 별도로 계산돼 있기는 했으나, 내 통장으로 입금되었다는 말은 없었다. (2004. 9. 6)

327. 무지

야심한 밤중에 이상한 말이 자꾸 입에서 튀어나왔다.

"ignorance with, ignorance with …"

그래서 ignorance의 뜻을 찾아보니 '무지'나 '무식'이었다. 그리고 다시 자다가 이런 꿈을 꾸었다.

차를 운전하고 가다가 강도를 만났다. 시동을 걸어둔 채 인적이 드문 골목길로 끌려갔다. 가진 돈을 다 내놓으라고 하여 지갑을 펼쳐보니 6만 원이 들어 있었다. 2만 원을 남기고 4만 원을 주었더니, 만 원을 더 가져가고

만 원만 남겨 주었다.

하지만 그것도 다행이라는 생각이 들어 90도 각도로 정중하게 인사했다. 그리고 돌아보니 그들이 내 자동차마저 몰고 달아났다. (2004. 9. 7)

328. 놋바다

'또 후람은 놋쇠를 부어서 바다 모양의 물탱크 하나를 만들었다. 그것은 지름이 4.5m, 높이가 2.3m, 둘레가 13.5m로 둥근 모양의 물통이었다.' (열왕기상 7. 23)

간절한 마음으로 기도하다가 오늘 또 본 말씀이다. 이 말씀은 그동안 여러 번 보았으나 의미를 알지 못했다. 알려고 하지도 않았다. 그러다가 다시 보게 되어 나도 모르게 불평이 튀어나왔다.

"또 놋바다야?"

그러자 갑자기 온몸이 피곤하고 나른함을 느꼈다. 의자를 뒤로 젖히고 비스듬히 누워 눈을 감았더니, 주석이 달린 성경을 보라는 감동이 일어났다. 그래서 전에 보다가 한쪽에 두었던 낡은 성경책을 펴서 읽었다.

'놋을 부어 만든 바다, 놋바다는 희생 제물을 씻거나, 제사장이 몸을 청결하게 씻을 때 사용하기 위해 물을 담아 두었던 물탱크로서, 죄 씻음과 정결함을 상징한다.'

그리고 다시 말씀을 보았다. 2000년 12월 13일 아침에 응답받은 에스겔 36장 24절 이하 말씀이었다.

'내가 너희를 이방 나라에서 이끌어내겠다. 모든 나라에서 내가 너희를 모아 본토로 데리고 가서, 맑은 물을 너희에게 뿌려 모든 더러운 것과 우

상에서 너희를 깨끗이 하겠다.' (2004. 9. 9)

329. 고택

  비록 낡은 고택이었으나 꿈에 그리던 집을 사서 감개무량했다. 조용하고 깨끗한 선비 마을이었다. 공기가 신선하여 푸른 하늘이 한결 드높아 보였고, 강물은 수정같이 맑고 깨끗했으며, 사람들은 여유작작하게 자기 맡은 일을 했다. 모든 것이 조화롭고 평화로웠다.

  그 집은 'ㅁ' 자 형태로 방이 많아 좋았다. 나는 '경주 최 부잣집'처럼, 우선 방이 많아야 손님을 많이 접대할 수 있다고 생각했다. 뒤뜰을 돌아보니, 동쪽에는 3층에서 4층으로 지어진 토끼장이 나란히 있었고, 토끼들이 한가롭게 풀을 뜯어 먹고 있었다.

  서쪽에는 외양간과 창고로 쓰는 헛간이 있었으나 소는 없었다. 하지만 외양간 벽에 쇠스랑을 비롯하여 온갖 농기구가 걸려 있었다. 토끼장과 외양간 사이에는 네모반듯하게 조성된 채소밭이 있었고, 다양한 채소가 싱그럽게 자라고 있었다. (2004. 9. 10)

330. 병자

  "오, 주 예수여! 나의 하나님이시여! 나의 모든 것이여! 당신은 정녕 살아 계시나요? 돌아가셨나요? 왜 저를 이다지도 외면하시나요? 왜 저를 한없이 내버려두시나요? 언제까지 이 빛의 노예로 살게 하실 건가요? 빚의 노예나 사람의 노예가 아니라, 주님의 노예로 사는 사람은 얼마나 좋겠습니까?"

"오, 주 예수여! 이제 모든 것을 주님께 맡깁니다. 제 것은 하나도 없습니다. 이 저주받은 병자, 빚진 자는 죽었습니다! 이 못난 죄인을 받아주소서. 죽이시든 살리시든 주님의 뜻대로 하소서. 주님이 저를 개같이 끌고 다니소서. 저는 개나 다름이 없습니다. 더 이상 날뛰지 못하게 코뚜레를 꿰어주소서. 저는 스스로 아무것도 못 합니다. 이미 죽은 자가 무슨 생각이, 무슨 말이, 무슨 힘이 있겠습니까? 오늘 이 밤중에, 저주받은 병자가 비로소 죽었습니다!" (2004. 9. 11)

331. 고구마

어느 경사진 산전에서 사람들이 풀을 뽑고 있었다. 농장주로 보이는 사람이 수행원들을 거느리고 왔다. 모두 열심히 일하는 모습을 보고 흡족해했다. 농장주가 어린 소녀를 발견하고 물었다.

"이제 내가 한 말을 알아들었느냐?"

그러나 소녀는 일만 하고 있었던바, 농장주가 수행원에게 지시한 말을 듣지 못했다. 나도 부근에 있었지만 역시 무슨 말을 했는지 알아듣지 못했다. 소녀가 머뭇거리자 옆에 있던 사람이 일러주었다.

"우리 농장도 주 5일 근무를 실시하라고 하셨어."

그 말을 들은 사람들 가운데 '마지막 문'이 비아냥거렸다.

"우리에게 주 5일 근무가 가당키나 한 말인가?"

그때 나는 조용히 지켜보며 일하고 있었다. 그러다가 얽히고설킨 잡초 뿌리 사이에 박혀 있는 고구마 하나를 발견했다. 그래서 고구마가 상하지

않도록 조심스럽게 캐어 순을 잘라냈다. (2004. 9. 12. 주일)

332. 노예

9월 12일 갚을 카드대금 1,300만 원이 연체되어 3일 지났다. 내일까지 임야 잔금 900만 원을 송금하지 못하면 계약금이 국고로 귀속된다. 모레면 또 다른 카드대금 400만 원을 갚아야 한다.

그때 중국에서 어학연수를 받고 있는 '꿀벌'이 추석 귀국을 위한 비행기 티켓을 보내달라고 전화했다. 나는 성질을 내면서 일방적으로 끊어버렸다. 어린 나이에 충격이 컸으리라 본다.

애들과 살아갈 빌라를 달라고 해서 주었고, 아이들 교육비 조로 10년 동안 연금을 달라고 했지 않은가? 카드깡과 현금서비스 등으로 살아가면서, 올해도 학비 조로 250만 원을 보냈지 않은가? 그런데도 이것저것 계속 내게 떠넘기니, 자매는 정말 내 피를 말리고 있다. 이런 부모 틈바구니에서 살아가는 애들이 정말 불쌍하다.

'이제 나는 어찌해야 하는가? 이 고통을 감수하라고 교회와 자매를 끊게 하셨을까? 이번 기회에 모든 것을 포기하고 아예 멀리 떠나버릴까? 어제 화장실에서 불현듯 떠오른 생각대로, 나를 1억 3천만 원에 평생 노예로 판다는 광고를 내볼까? 그러면 혹시 누가 살 사람이 있을까?

하지만 빚의 노예로 25년 동안 살아왔지 않은가? 이제 와서 사람의 노예로 팔리는 것을 주님은 어떻게 생각하실까? 주님의 노예로 팔리면 오죽이나 좋겠는가마는, 나는 여전히 꼼짝달싹할 수 없는 빚의 노예로 묶여 있으니! 차라리 빚의 노예보다 사람의 노예가 낫지 않을까?

그래, 나는 아직도 여전히 저주 아래 있어. 내가 하는 일마다 저주가 떠나지 않아. 어떻게 하든지 얽히고설킨 이 빚이 정리될 때까지 버텨야 해. 골이 깊으면 산이 높고 밤이 깊으면 새벽이 가깝다고 하지 않았는가?

주님의 은총이 임하면 재기할 수도 있고, 그렇지 않으면 결국 죽을 터, 어차피 망한다고 보면 조금만 더 버티어 보자. 적어도 다른 사람에게 피해만은 주지 않도록 해보자. 그 후에 나를 노예로 팔아 빚을 갚든지, 아니면 인생을 파산하든지, 조금만 더 기다려보고 결정하자.'

그리고 환상 중에 보니, 대통령의 기자회견이 있었다. 중대한 일이 있는 듯 빅뉴스로 보였다. 취재진과 구경꾼들이 인산인해를 이루었다. 그때 옆에 있던 사람이 드디어 마이크를 잡았다.

"대통령께서 제주도 구획사업 회의를 마지막으로 주관하신 다음에 …"

모두가 숨을 죽이고 기다렸으나, 그다음 말은 이어지지 않았다. "결국 사임하셨습니다." 하는 말이 나올지 몰라 긴장하고 있었지만, 끝내 다음 말은 이어지지 않았다.

그 후 나는 대통령이 사임하지 않았다는 사실을 신문을 통해 알게 되었다. 대통령은 여전히 집수리를 하고 있었다. 그 일이 상당히 힘들어 보였고 진척도 느렸다.

어떤 사람이 벽에 함석판 같은 것을 누더기처럼 너덜너덜 붙여 못으로 고정시키는 모습이 보였다. 조화라고는 찾아볼 수가 없었다. 참으로 안타까웠으나 나로서는 어쩔 수 없었다. 그런데 얼마의 시간이 지나자 그 모든 것이 제거되고, 새로운 모습으로 깔끔하게 바뀌었다. (2004. 9. 15)

나 여호와가 높은 나무를 낮추고 낮은 나무를 높이며, 푸른 나무를 시들게 하고 마른 나무를 무성하게 한다는 사실을, 들의 모든 나무가 알게

될 것이다. 나 여호와가 말했으니, 내가 반드시 이룰 것이다. (에스겔 17. 24)

333. 피부병

어둑새벽에 일어나 갈급한 심령으로 기도하다가 다시 자리에 누웠다. 발끝에 고사리 같은 식물 군락이 보였다. 무럭무럭 자라나더니, 어느 순간 잎이 마르고 줄기도 말라 앙상했다.

그리고 마른 잎이 바람에 흩날리며 줄기가 부서지고 그루터기만 남았다. 그래서 좀 더 가까이서 살펴보았더니, 모든 것이 새까맣게 타죽고 부서진 줄기 몇 대만 남아 있었다.

그런데 나중에 알게 된 일이지만, 그 후 내 다리의 껍질을 한없이 벗기던 피부병이 말끔히 사라졌다. (2004. 9. 16)

334. 자아

자리에 들자마자 세상에서 가장 이상적인 아내상이 보였다. 그래서 고백했다.

"주님, 정말 그렇습니다. 제가 원함이 주님의 원함이요, 주님의 원함이 제 원함인 줄을 주님께서 아십니다."

"자아가 깨어진 사람!"

"오, 주님! 저는 주님의 신부입니다. 제 자아가 깨어지게 하소서. 그러면 주님의 사랑을 받을 것입니다. 그때 비로소 참 자유와 기쁨과 행복을 누릴 것입니다."

"이제는 네가 산 것이 아니다!"

"아멘, 주 예수여! 이제는 제가 산 것이 아니요, 제 안에 그리스도께서 사신 것입니다." (2004. 9. 20)

335. 섬

토지와 관련된 증명서를 떼려고 어느 면사무소에 갔다. 신청서를 작성하여 제출하고 현장을 찾았다. 뭍에서 얼마 떨어지지 않은 섬이었다. 그리 깊지 않은 강을 건너자 훼손되지 않은 자연의 땅이 그대로 나타났다. 섬 가운데 웅장한 산이 있었다. 안정감이 있고 아름다웠다. 그때 어떤 사람이 소리쳤다.

"하나님의 동산으로 사용하기에 가장 적당하지 않은가?"

그 말은 들은 나는 너무 어이가 없어 이렇게 말했다.

"그런데 내가 무슨 수로 이 산을 살 수 있겠는가?"

그리고 다시 뭍으로 나오려고 강을 건넜다. 그곳은 강물과 바닷물이 교차하는 곳으로 무릎을 넘지 않아 모두 걸어서 건넜다. 그때 강 위쪽을 보니 섬으로 들어가는 다리가 놓여 있었다. 교각이 큰 나무에 가려져 있었다. 다리의 상판도 온갖 생나무로 조성되어 마치 자연공원을 보는 듯했다.

다리 아래로 흐르는 수정 같은 물이 잔잔히 일렁거렸다. 물살에 햇빛이 반사되자 은빛 물결이 반짝였다. 아름다운 강과 자연 친화적 다리, 티 없이 맑은 물과 푸르고 싱그러운 나무, 원시 상태의 동산과 지저귀는 새소리, 에메랄드빛 바다와 은빛 모래사장이 최상의 조화를 이루었다. 마치 12

폭의 동양화를 보는 듯했다.

그러다 보니 어느새 오후 6시 40분이 지나고 있었다. 공무원 퇴근 시간을 40분이나 넘겼다. 혹시나 하고 면사무소를 찾았더니, 아니나 다를까 셔터가 내려져 있었다.

거기서 하룻밤을 유숙해야 할지, 아니면 돌아갔다가 다시 와야 할지를 고민하며 자동차 문을 열었다. 그런데 운전석 팔걸이에 증명서가 놓여 있었고, 자동차 키도 꽂혀 있었다. 신청서를 제출하면서 자동차 키를 담당에게 맡겼던 것으로 여겨졌다.

그리고 증명서를 펼쳐보니, A4 용지가 아니라 온 전지에 지도와 도면이 포함된 컬러판 문서로 깔끔하게 인쇄되어 있었다. (2004. 9. 22)

336. 낙원

하수구와 비슷했으나 분명히 하수구는 아니었다. 냄새도 없고 지저분하지도 않았다. 하지만 그 속은 보이지 않았다. 칠흑같이 어두웠고, 구멍은 직사각형으로 뚫려 있었다. 구멍 테두리에 각목이 박혀 있었고, 나는 그 각목을 잡은 채 벽에 매달려 있었다. 나 스스로 밖에 나갈 힘도 없었고, 이미 지칠 대로 지쳐 있었다.

그 구멍 바깥에서 나를 지켜보는 사람이 몇 명 있었으나, 멈칫멈칫하며 도와주지 않았다. 내가 너무 지치고 지쳐서 까딱 잘못하면 아래로 떨어질 위험이 있었기 때문이다. 나도 그렇게 말했다.

"내가 너무 지쳐서 힘이 없으니, 그대로 내버려두어라!"

그래서 사람들은 안타까워하면서도 나를 그대로 둘 수밖에 없었고, 나는 구멍 속에 그대로 있었다. 그런데 얼마 후 내 팔에 힘이 솟음을 느꼈다. 그 구멍도 내 시야에서 점점 좁아졌다. 이윽고 오른쪽 팔꿈치를 그 구멍 가장자리로 올려놓았고, 왼쪽 팔꿈치도 그리했다.

그리고 잠시 숨을 돌리고, 양쪽 팔꿈치에 힘을 주면서 턱을 구멍 언저리에 걸쳐놓았다. 다시 얼마 후 양쪽 팔을 일으켜 세우고, 왼쪽 다리와 오른쪽 다리까지 구멍 밖으로 끌어올렸다.

그렇게 그 지옥 같은 구멍을 빠져나왔다. 그 기쁨을 어찌 말로 표현할 수 있겠는가? 정말 낙원이 따로 없었다. 내 발로 서 있는 이 땅이 바로 낙원이었다. (2004. 9. 25)

337. 새끼줄

어느 사각형 건물 안에서 살았다. 거기서 한숨 자고 일어나 창밖을 보니, 넓은 들판에 눈이 하얗게 내려 있었다.

그리고 얼마 후 사람들이 북적대는 거리에 있었다. 모두 바쁘게 움직이고 있었다. 그때 나는 내 리더의 부탁으로 자동차를 가지러 갔다. 사람들이 붐비는 거리를 빠져나와 차 있는 곳에 가보니, 시멘트로 포장된 언덕길 옆에 다소 깊고 넓은 하수구가 있었다. 그 바로 옆에 차가 세워져 있었다.

그런데 앞바퀴 하나가 하수구 난간을 벗어나 내려앉아 있었고, 뒷바퀴 하나는 난간에 아슬아슬하게 걸쳐져 있었다.

"이런 몹쓸! 누가 차를 이렇게 했단 말인가? 이걸 어떻게 빼지?"

하면서 잠시 고민을 하다가, 내 힘으로 차를 들어 올릴 수 있다는 믿음이 생겼다. 그래서 차를 힘껏 들어 올리자, 마치 자전거가 들리듯 사뿐히 들러서 제대로 놓였다.

그리고 리더가 있는 곳으로 서둘러 가기 시작했다. 좁은 논둑길을 조심조심 지나갔다. 길이 점점 좁아지더니 장애물이 나타났다. 처음에는 농작물 사이를 힘겹게 지나가다가, 나중에는 고무줄을 두 겹으로 접어 당겨놓은 것처럼 보이는 사이를 빠져나갔다. 그 줄에 튕겨 나가기를 수차례 반복하다가 보니, 이윽고 리더가 있는 곳에 도착했다.

그런데 그때 내가 잡고 있는 것을 보니, 자동차 핸들이 아니라 진흙으로 범벅된 새끼줄이었다. (2004. 10. 1)

338. 큰 성공

제주도 주택은 날로 허물어져 가고, 단지에 빈집은 늘어나고, 가격은 자꾸 떨어지고 있었다. 게다가 등기부 등본에 나타나지 않는 채무자의 유령 채무, 즉 포괄근저당으로 인해 채무승계가 되지 않았는바 소유자로서 걱정이 태산이었다.

그러다가 1,000만 원을 받고 넘겨주는 작업이 되었다고 해서 중개회사를 찾아갔더니, 사장이라는 사람이 여직원과 함께 식사하고 있었다. 그는 사업 실패로 폐인이 되었는바, 만사 포기하고 죽을 날만 기다린다는 '큰 성공'이었다. (2004. 10. 3. 주일)

339. 구멍

"전능하신 하나님 아버지시여! 주님께서 한번 택하신 사람에게 영원한 사랑을 베푸시고, 눈동자같이 지켜주신다는 사실을 다시 한 번 일깨워주셨습니다. 지난 3년 동안 더러운 귀신의 먹이사슬에 묶여 꼼짝달싹 못 하던 저에게 이제 자유를 주시니 감사합니다.

저로서는 어쩔 수가 없어 그저 칠흑 같은 우물 속에 매달려 있었습니다. 그러나 주님께서 저를 긍휼히 여겨주셨습니다. 어느 누구도 막을 수 없는 주권적 역사로 말미암아 끝이 없는 그 깊고 시커먼 구멍 속에서, 그 음란한 사탄의 우물 속에서 저를 건져주셨습니다. 이제 주님께서 허락하신 자유를 누리니 참으로 감사합니다.

오, 주 예수여, 나의 하나님이시여, 이제 저를 자유롭게 하셨으니 빚에서도 자유롭게 하시고, 세상일에도 자유롭게 하소서. 이 세상 모든 일을 청산하고 정금같이 나오게 하소서. 그리고 주님이 허락하신 복된 일을 감당하게 하소서. 예수님의 이름으로 기도합니다. 아멘."

이른 새벽에 일어나 1시간 남짓 기도하고 자리에 누웠더니, 어디선가 들려오는 소리가 있었다.

"정인숙!"

"바를 정(正), 어질 인(仁), 맑을 숙(淑)?"

하면서 스르르 잠이 들었다. 어느 강에서 물속을 들여다보았다. 바닥에 모래가 깔려 있었고, 그 속에 개미지옥처럼 생긴 깔때기 모양의 구멍이 있었다. 그 구멍 속으로 작은 회돌이가 치면서 물이 빨려 들어갔다.

그러다가 구멍이 막히더니 물이 역류하며 뿜어 나왔다. 그리고 다시 보니, 그 구멍은 온데간데없이 사라지고 흔적도 찾을 수 없었다. (2004. 10. 5)

340. 낙타

메마르고 황량한 언덕이 있었다. 그곳에 다양한 풀들이 자라나더니 잠시 보이다가 사라졌다. 그리고 다른 풀들이 자라났지만 역시 사라지고 말았다. 그렇게 수차례를 반복했다.

그 풀들 중에는 내가 쉽게 알아볼 수 있는 열무와 배추 같은 채소도 있었다. 그런데 그 속에 여치같이 생긴 녹색 곤충 한 마리가 있었다. 그리고 바로 위에 온몸이 하얀 백색 곤충도 한 마리 있었다.

처음에는 두 마리가 서로 사이좋게 지내는 듯했으나, 나중에 보니 녹색 여치가 백색 여치를 통째로 잡아먹고 있었다. 그런데 잡아먹힌 백색 여치의 몸이 점점 커져서 자기를 잡아먹은 녹색 여치의 몸을 산산이 부수고 밖으로 나왔다.

어느 방에서 잠시 쉬려고 자리를 깔고 누웠더니, 낙타 한 마리가 조심스럽게 다가왔다. 그 낙타는 꼬리에 눈이 4개나 있었다. 그런데 자세히 보니 모두 가짜 눈이었다.

낙타가 꼬리 눈으로 나를 유혹하며 내 꽁무니를 졸졸 따라다니다가 내 옆에 자리를 잡고 앉았다. 가만히 보니 나와 바람을 피우려는 눈치였다. 무섭기도 하고 징그럽기도 하여 그 자리를 피해 나왔다.

그리고 내가 쉴 방을 살펴보니, 구석구석에 낙타가 오줌을 싼 얼룩이 남아 있었다. 그래서 여기저기를 한참 닦고 청소했다. (2004. 10. 6)

341. 수표

어떤 사람이 건네준 자기앞수표 2장을 가지고 길을 나섰다. 그런데 그 수표의 액면가를 보니, 8조 원이 1장이었고 3억 원이 1장이었다. 그렇게 큰 금액은 난생처음으로 보았다. 그래서 길을 떠나기 전에 주변 사람들에게 자랑했다.

그때 나와 함께 길을 나선 사람이 2명 있었다. 그중에 하나는 '남의 손'이라는 동창생이었다. 그는 소아마비로 다리를 절었으나 험한 산길을 잘 올라갔다. 나는 그들을 쫓아가느라 허겁지겁 애썼으나, 그들은 여유작작하게 앞으로 나아갔다. 한참 뒤처져 올라가던 내 앞에 작은 낭떠러지 고갯길이 나타났다.

"아, 이제는 저들을 따라잡기 틀렸구나."

하면서 힘들게 고갯마루에 올라 보니, 생각과 달리 그들은 길옆 개울에서 고기를 잡고 있었다. 그래서 어렵지 않게 그들과 합류했다. 그런데 잠시 시간적 여유가 생기자 나도 모르게 궐련 담배를 들고 있었다.

"이게 무슨 일이야!"

하면서 깜짝 놀라 담배를 던져버렸다. 그런데 자세히 보니 그 담배를 싼 종이가 바로 8조 원짜리 수표였다.

"이런!"

"저런!"

그리고 그 담배를 주워 주머니에 넣으며 보니, 다행히 3억 원짜리 수표는 그대로 있었다. 하지만 8조 원짜리 수표는 많이 손상되어 있었다. (2004. 10. 7)

'만사형통 도래'가 예쁜 색시와 신접살이를 시작했다. 헌 집을 헐고 새집을 지었다. 자금 사정이 어려워 다소 시일이 걸리긴 했으나, 깔끔하게 단장한 새집에 입주하여 신혼의 단꿈에 젖어 살았다. 옆에서 그 모습을 지켜보며 몹시 부러웠다.

어느 날 그가 사는 집을 방문했다. 그런데 신랑이 '만사형통 도래'가 아니라 '용기'였다. '만사형통 도래'는 '용기'의 동생으로, 형의 행복한 신혼살림을 위해 새집을 지어주고, 형수가 될 신부를 잠시 돌봐주었던 것이다.

나는 뜻밖의 사실에 놀라긴 했지만, 그들 형제가 모두 내 친구여서 개의치 않고 인사했다.

"안녕하신가?"

그때 '용기'는 자기 신부에게 정신이 팔려 나를 쳐다보지도 않고 대답했다.

"그래."

그리고 왼손을 내밀어 악수를 청했다. 이상하게 생각했으나 나도 왼손을 내밀어 악수했다. 잠시 그들의 다정한 모습과 신혼살림을 살펴본 나는, 부러운 나머지 나약하게 말꼬리를 흐렸다.

"전에 찍은 내 사진은 …"

그러자 '용기'가 말했다.

"그래."

그리고 신발도 벗지 않은 채 방으로 들어가 사진 4장을 들고나와 건네주었다. 그런데 사진을 보니 옥수수를 따서 무더기로 쌓아놓은 것이었다. 1

장은 아주 가까운 거리에서 클로즈업하여 찍은 것이고, 나머지 3장은 차츰차츰 멀어지면서 찍은 것이었다.

그러나 나는, 그 사진을 언제 누가 왜 그렇게 찍은 것인지 알 수 없었다. 다만 사진이 내 것이라는 사실에는 의심의 여지가 없었다. 그래서 사진을 받아 그 집을 나왔다. (2004. 10. 11)

그러나 하나님은 내가 가는 길을 다 알고 계신다. 그가 나를 단련하신 후에는 내가 순금처럼 깨끗할 것이다. (욥기 23. 10)

343. 사무실

회계 부서에서 일했다. 높은 건물 꼭대기에 있었다. 사무실을 정리하고 청소까지 마치자 분위기가 한결 산뜻했다. 그러자 아래층에 있는 예산 부서도 자리 재배치와 아울러 대청소를 했다. 또 그 옆에 있는 계약 부서도 집기를 들어내고 사무실 환경을 새롭게 바꾸었다.

사무기기를 들어내자 구석구석에 거미줄이 처져 있었고, 군데군데 얼룩진 모습도 보였다. 청소를 마치고 벽에 칠을 하려고 했으나 일꾼들이 보이지 않았다.

여기저기 다니며 일꾼들을 찾다가 창밖을 내다보니 옥상에 옥탑이 있었다. 옥탑으로 올라가 아래쪽을 내려다보았더니 땅이 보이지 않았다. 사무실이 하늘 위에 있었다. (2004. 10. 12)

344. 놀이

야외 운동장에서 편을 갈라 놀았다. 양쪽에 그어진 선 밖에서 모래주머니를 던져 안쪽에 있는 사람을 맞혀 아웃시키는 놀이였다. 한편 안쪽에 있는 사람이 모래주머니를 손으로 받으면 아웃된 자기편 사람이 하나씩 부활하였다.

경기가 종반으로 치닫고 있었다. 마지막으로 세 사람이 살았을 때 내가 처음으로 모래주머니를 잡았다. 멀리 등을 보이는 자매를 향해 던졌더니 치맛자락을 스치고 지나갔다. 그래서 아웃되었다.

그리고 다시 모래주머니를 던져 중간에 서 있는 사람의 등을 맞춰 그도 아웃시켰다. 세 번째 모래주머니를 잡자마자 미처 달아나지 못한 마지막 사람까지 맞춰 아웃시켰다. 그래서 내가 세 사람을 모두 잡아 한 판을 이겼다.

그런데 그들 세 사람 모두 등을 보이고 있었던바, 그들의 얼굴은 하나도 보지 못했다. 일반적으로 있을 수 없는 일이라 의아스러웠다. (2004. 10. 13)

345. 음녀

어디서 일하다가 보니, 거룩한 것과 속된 것, 순수한 것과 복잡한 것, 의로운 것과 불의한 것이 뒤섞여 있었다. 그래서 가까이하고 싶은 것과 멀리하고 싶은 것을 따로 분리했으면 좋겠다는 생각이 들었다.

그때 어떤 사람이 와서 묘책을 일러주었다. 군데군데 무슨 표시를 해 두면, 성질이 비슷한 것과 다른 것이 자동으로 나뉜다는 것이었다. 그래서 그 말대로 했더니, 그것이 스스로 나뉘어 자기 자리를 찾아갔다.

그러자 하나님께 속한 것과 세상에 속한 것이 따로 갈라져 홀가분한 심정으로 잠시 땀을 식혔다. 그때 음녀가 내 뒤에서 다리를 꼬고 앉아 사람들에게 술을 따라 주었다. 휴식이 필요한 사람들에게 마치 천사처럼 다가와 한 잔의 술로 피로를 씻어주었다.

그 모습을 보는 순간 나도 목을 축이고 싶었다. 하지만 술이 얼마나 독한지 생각만 해도 몸서리쳐졌다. 종지보다 조금 크고 밥그릇보다 약간 작은 잔에 술이 8부쯤 부어져 있었다. 색깔은 짙은 고동색 내지 검은색이었다. 도저히 마시지 못할 것 같아 냄새만 살짝 맡아보았다.

그때 체격이 건장한 사람이 밖에서 일하다가 헐레벌떡 달려와 음녀에게 술을 요구했다. 하지만 음녀가 가진 술은 이미 떨어지고 없었다. 그러자 내게 다가와 내가 들고 있는 잔을 빼앗아 단숨에 벌컥 마셔버렸다. 마셨다기보다 고개를 뒤로 젖히고 입에 들어부었다.

그 독한 술을 한입에 털어 넣다니 정말 대단한 사람이었다. 한동안 술을 마시지 못해 술이 무척 고팠던 모양이다. 그는 음녀의 정부(情夫)로 보였다.

(2004. 10. 15)

346. 결산

토지와 관련된 일을 하면서 컨테이너 2개를 사무실로 사용했다. 거기서 공사 담당 '홍할 기세'와 결산을 했다. 현금과 국가채무 그리고 이월예산의 집행을 맞추는 것이었다.

예산을 집행한 기관은 국가와 기관 2곳이었다. 단순하다면 아주 단순한

결산이었으나, 그것을 맞추지 못하고 시간만 보내고 있었다. 더욱이 그와 나는 예산과 결산에 대한 베테랑이었다. 정말 이상한 일이었다.

얼마의 시간이 지났는지 둘 다 지쳐가고 있을 때 '흥할 기세'가 말했다.

"작년 기준으로 그냥 두들겨 맞추자."

그래서 지난해 결산서를 살펴보니, 올해 집행한 3가지 예산 가운데 2가지가 딱 일치했다. 더 이상 방법이 없어 작년 결산을 역산하여 맞추되, 이월 예산을 먼저 집행한 것으로 처리하고, 나머지는 현금에서 조정해 결산을 마쳤다.

그리고 결산서를 가지고 나오면서 보니, 예산과 결산에 대한 총괄 담당 '승리한 자매'가, 전날 밤을 새운 듯 하루 정도 푹 자고 일어나 막 걸어 나오고 있었다. 그래서 나는 아쉬운 마음으로 이렇게 말했다.

"진작 일어나 왔더라면 결산에 어려움이 없었을 텐데."

"무슨 결산?"

"작년 기준으로 역산하여 맞춘 공사 결산."

"그러면 됐지 뭐."

하면서 자매가 괜찮다는 듯이 상냥하게 웃으며 지나갔다. 그리고 나는 공사 현장으로 가고 있었다. 사거리를 지나면서 보니, '먼 방식'이라는 사람이 일하다가 말했다.

"컨테이너를 여기 코너에 갖다 놓으면 좋을 텐데."

나는 그 말이 일리가 있다고 생각했다. 그리고 아래쪽으로 내려가면서 보니, 옆에 있는 작은 언덕에 중장비가 들어와 토목 공사를 하고 있었다. 인부들은 낡은 건물을 헐려고 했다. 그때 나와 함께 가던 사람이 말했다.

"저곳을 평탄하게 다듬어 컨테이너를 갖다 놓으면 좋겠네."

그 제안도 상당히 좋다고 생각했다. 그리고 아래쪽으로 더 내려가 보니,

'가벼운 환란'이 지팡이를 짚고 서 있다가 말했다.

"이곳에 찻길을 내면 아주 좋을 텐데."

그때 나는 잠시 생각하다가 이렇게 말했다.

"보다시피 바로 앞에 있는 'ㄴ' 자 형태의 토지는 남의 땅이고, 거기 붙어 있는 'ㄱ' 자 형태의 토지만 내 땅이 아닌가? 게다가 그 앞쪽의 'ㅁ' 자 형태의 토지도 남의 땅이고, 그 바로 옆에 있는 또 다른 'ㅁ' 자 형태의 토지도 역시 남의 땅이니, 내가 어찌 여기에 길을 낼 수 있겠소." (2004. 10. 17. 주일)

347. 시근소

"오, 주여! 저를 받아주소서. 이 모습 이대로 받아주소서. 이제 주의 길을 가려고 합니다. 저를 이끌어주소서. 주께서 선히 여기시거든 저를 붙잡아주소서."

그리고 눈을 감고 반듯이 누워 천정을 주시하자 얼룩무늬가 그려진 벽이 나타났다. 좀 더 자세히 보려고 눈길을 집중했더니, '市近所(시근소)'라는 글자가 씌어 있었다. '도시에서 가까운 곳'이라는 뜻인지 분명치 않았다. 게다가 곧 잠이 들어 마지막 글자도 불명확했다. (2004. 10. 17)

누가 주님의 산에 오를 수 있으며, 누가 그 거룩한 곳에 들어설 수 있느냐? 죄 없는 손과 깨끗한 마음을 가진 사람, 헛된 것에 뜻을 두지 않고, 거짓 맹세를 하지 않는 사람이다. (시편 24. 3-4)

348. 신발

가쁜 숨을 몰아쉬며 단숨에 산마루까지 올라갔다. 작고 아담한 마을이 있었다. 일을 마치고 하산하며 보니 샛길에 작은 이정표가 있었다. 지름길로 보여 넓은 길을 두고 좁은 길로 들어섰다.

그런데 그 길은 험하기 짝이 없었다. 길이라기보다 오히려 절벽에 가까웠다. 급경사에 급커브, 좁고 울퉁불퉁한 요철이 심했다. 겁이 덜컥 났다. 하지만 큰 문제가 아니라는 믿음으로 계속 내려갔다.

그때 내가 신은 신발은 최첨단 장비로 제작되어 그 어떤 곳에서도 미끄러지지 않았으며, 내 손에 들린 만능 지팡이는 그 어떤 상황에서도 넘어지지 않도록 나를 지탱시켜 주었다. (2004. 10. 19)

하나님은 우리의 피난처시요 힘이시며, 어려운 고비마다 돕는 구원자시다. (시편 46. 1)

349. 기도의 말

도정 공장에서 '충성 달성'과 함께 열심히 일했다. 우리 외에도 몇 사람의 인부가 더 있었다. 그런데 수고만 했지 보람이 없었다. 품삯으로 곡식을 받기는 했으나 받는 시늉만 있고 남는 것이 없었다. 열심히 일했으나 보람이 없어 안타까운 마음으로 하루하루 지냈다.

그러던 어느 날, 품삯으로 받은 곡식을 계수하는 판에 기도의 말(斗)로 계산했더니, 조금씩이나마 모이는 것을 알 수 있었다. 그때부터 우리는 더욱 열심히 최선을 다해 일했다. 일이 끝나면 으레 온몸이 땀으로 흠뻑 젖어 있었다.

일을 마친 뒤 우리는 샤워하고 휴식에 들어갔다. 방으로 들어가 창밖을 내다보니 중국 온 땅이 한눈에 들어왔다. 러시아와 그 경계를 지나서 시베리아 벌판과 툰드라까지 보였다.

큰 호수와 높은 산악 지대가 보였으며, 나라와 나라 사이의 굴곡진 경계선도 또렷하게 보였다. 지도책을 옆에 두고 맞춰보니 하나도 틀림없이 모두 일치했다.

다음 날 학교운동장으로 보이는 곳에 서 있었다. 처음에는 땅에 대해 관심이 없었으나, 중개인의 끈질긴 권유로 땅을 하나 매입하기로 했다.

그런데 그 땅의 서류를 살펴보니, 맨 아래 칸에 보호구역 1종과 보호구역 2종이라는 제한 사항이 있었다. 내가 사려는 땅은 보호구역 2종이었다.

그리고 그 옆에 연필로 '1980'이라고 씌어 있었다. 그게 무엇을 의미하는지 궁금했다. 그런데 중개인이 도리어 내게 물어보았다. 아무튼 나는 그 땅을 사기로 했다. 그러자 금방 큰 부자가 된 듯 마음이 넉넉했다.

그 후 나는 자산관리 컨설턴트가 되어 있었다. 어떤 사람이 나를 찾아와 주식을 팔았으면 하고 자료를 보여주었다. 자세히 보니 처음에 산 가격보다 다소 손해를 보게 되었다. 하지만 그렇게 하라고 했다.

그리고 얼마의 시간이 지났다. 나는 어느 시골에서 농사를 지으며 살고 있었다. 그때 어떤 사람이 찾아와 주식을 팔았으면 하고 명세서를 보여주었다. 그것도 처음 산 것보다 손해를 보게 되었다. 그러나 그렇게 하라고 하면서 그를 위해 기도해주었다.

"오, 아버지 하나님이시여! 이제는 이들로 하여금 인생의 참 의미를 깨닫게 하소서. 무엇이 아버지 하나님의 영광을 드러내는 일인지 알게 하소서.

오직 예수 그리스도와 함께 사는 것입니다. 이들을 통해 그리스도의 모습이 드러나게 하시며, 그의 향기를 발하게 하소서. 예수님의 이름으로 기도합니다. 아멘."

이는 새벽기도 후에 잠시 누웠다가 환상을 보고 실제로 드린 기도다. 이 기도는 간절하고 진지한 마음으로, 환상이 아닌 현실 속에서 또박또박 드려졌다. 실제는 이보다 더 길고 엄숙하게 드렸으나, 대충 기록할 수밖에 없음이 안타깝다. (2004. 10. 21)

350. 임야

서울 인근에 싼 임야가 공매로 나와 기쁜 마음으로 입찰에 임했더니 단독 응찰이었다. 현장을 둘러보니 다소 비탈진 경사지였으나 그렇게 나쁘지 않았다. 약간 비싸게 샀다는 말도 들렸으나 괘념치 않았다.

그리고 다시 그 인근의 임야가 나왔다고 해서 살펴보니, 내가 산 임야 바로 아래쪽에 있었다. 계곡을 따라 쭉 내려가다가 Y자로 갈라진 사이에 있는 작고 나지막한 봉우리였다. 풍수지리로 보면 명당이었다.

그래서 위쪽과 아래쪽에 분묘가 몇 기씩 있었고, 일부는 밭으로 사용했다. 봉우리 중앙에 작은 통나무집도 있었다. 그런 대로 좋아 보였다. 그런데 분묘가 많아서 흠이었다. 그때 옆에 있는 사람 가운데 누가 분묘로 인해 못 쓰는 땅이라고 했다.

그러나 아래쪽으로 내려가 보니 사정이 좀 달랐다. 분묘는 오래된 무연고였으며, 이장이나 화장도 가능할 듯했다. 누군가 길옆에 심어놓은 무가 싱싱하게 자라는 것으로 봐서 토질도 나쁘지 않았다. (2004. 10. 22)

351. 신랑

　결혼식을 앞두고 목욕재계하고, 깨끗이 빨아놓은 옷을 갈아입으려고 했다. 그런데 개켜놓은 옷가지에 오물이 묻어 있어 참으로 난감했다. 다른 방법이 없어 옷을 다시 빨았다. 그러고 보니 이번에는 몸이 더러웠다. 별도리가 없어 옷가지를 한쪽에 두고 다시 몸을 씻으러 갔다.

　재차 목욕하고 옷을 입으려고 보니, 원수가 옷에다 오물을 한 바가지 뿌려놓았다. 개켜놓은 옷가지는 물론, 주변 마루까지 온통 오물로 뒤덮여 있었다. 허탈한 나머지 그날 밤을 뜬눈으로 새웠다.

　다음 날 아침, 옆방에서 무슨 소리가 들려 들어보니 아버지가 와서 일하고 있었다. 내 몸과 의복이 더러워진 원인을 분석하고, 재발 방지를 위한 대책을 강구하는 듯했다.

　그동안 나와 사귄 여인들의 증언을 듣고, 내가 먹은 음식과 취한 행동, 그리고 물질적으로 진 빚까지 모두 다 갚아주었다. 또 오물이 뿌려진 경위와 주변의 환경까지 살펴보고, 그 원인까지 모두 해소시켜 주었다.

　그러자 생각 밖으로 상당히 많은 돈이 들어갔다. 1,000만 원이 훌쩍 넘은 것 같았다. 가난한 아버지가 어디서 그 돈이 났는지 의아스러웠다.

　아무튼 아버지는 내가 진 빚을 에누리 없이 모두 갚아주고 자리를 떠났다. 그리고 내게 무엇인가 남겨주고 갔다고 해서 보니, '시와 가르침과 다스림'이었다.

　그러자 비로소 나는 깨끗한 몸과 청결한 의복을 갖출 수 있었다. 신랑의 자격을 갖춘 나는 다른 사람과 함께 줄을 서 '돌아온 빛'의 주의사항을 들었다.

　그런데 어딘가 모르게 허전하여 살펴보니, 신랑으로서 예복을 온전히 갖추지 못하고 있었다. 그래서 다시 돌아가 준비된 예복을 입었다. 그제야 신랑으로서 자신감이 생겼다.

그때 내 경쟁자가 있음을 알았다. 내가 신랑의 자격을 갖추지 못하고 우왕좌왕할 때, 내 아우가 먼저 신랑이 되려고 했던 것이다. 그래서 잔치를 준비하던 사람들에게 일대 혼란이 일어났고, 뒤에 있던 어떤 사람이 소리쳤다.

"형이 먼저니 형부터 준비해라!"

그러자 장내는 금방 정리되었고, 잔치 준비는 순조롭게 진행되었다. 그제야 비로소 나는 정말 신랑으로서 모든 준비를 갖춘 듯했다.

어느 날 바다 같기도 하고, 큰 호수 같기도 한 어떤 곳에서 낚시를 했다. 시멘트로 만들어진 방파제에 앉아 있었다. 위쪽에 나지막한 지붕 같은 것이 있어 낚싯줄을 멀리 던지지 못했다.

처음에는 숭어 새끼가 올라오더니, 나중에는 메기 비슷한 고기와 붕어 같은 작은 고기가 올라왔다. 그런데 모두 치어에 가까워 미끼 대용으로 사용했다.

그때 물에 떠 있는 합판 위에 발을 올려놓고 낚시를 했다. 고기를 건져 올릴 때마다 몸무게로 인해 발이 물속으로 조금씩 빠져들었다.

그러자 위쪽에 있던 '다가온 빛'이 와서 내 손을 잡아주었다. 나중에는 내가 합판을 떠나 멀리 나아갔을 때도, 그가 손을 내밀어 건져주었다.

(2004. 10. 23)

주님의 말씀은 언제나 올바르며, 그 하시는 일은 언제나 진실하다. (시편 33. 4)

352. 사회

"참으로 은혜롭고 복된 주일입니다. 이번 주간에도 주님의 마음으로, 예수님의 모습으로, 그리스도의 향기를 발하기 원합니다. 아버지 하나님의 영광을 천하에 드러내기 원합니다. 이것이 참으로 은혜롭고 복된 일입니다. 예수님의 이름으로 빕니다. 아멘."

어느 작고 아담한 예배당에서 결혼식이 준비되고 있었다. 내가 사회를 보는 것으로 알고 강대상 앞에 서 있었다. 손님들과 이런저런 얘기를 나누다가 보니, 어느덧 예정된 10시가 되어 신랑과 신부가 입장했다.

그런데 신부가 입장하면서 들고 있던 부케를 내게 건네주었다. 그 부케를 보니 너무 작고 허름하여 가치가 없었다. 그래서 내가 한마디 했다.

"왜 이 부케를 내게 주는 거요?"

그리고 사회를 보기 시작했다. 하지만 분위기가 냉랭한 것이 뭔가 이상했다. 반신반의하며 옆 사람에게 물어보았다.

"내가 사회자가 아니오?"

하지만 아무도 대답하는 사람이 없었다. 눈치를 보니 그런 것 같아 아래로 내려갔다. 그러자 내 뒤에 서 있던 사람이 사회를 보기 시작했다.

그때 내가 앉을 자리가 없었다. 그래서 맨 앞쪽 자리에 끼어 앉으려고 했다. 그러자 한 청년이 일어나 자리를 양보하고 바닥에 앉았다. 그는 '우편에 일어난 번영'이었다. 어디선가 많이 본 듯하여 물어보았더니 그가 대답했다.

"제 대선배님이십니다."

그래서 내가 말했다.

"영감탱이 놀리지 마세요." (2004. 10. 24. 주일)

사람들이 다시는 너를 버려진 땅이라, 또는 황무지라 부르지 않고, 하나님이 기뻐하신다는 뜻으로 '헵시바', 또는 결혼을 했다는 뜻으로 '뿔라'라 부를 것이다. 이는 여호와께서 너를 기쁘게 여기시고, 아내로 맞아주는 신랑과 같을 것이기 때문이다. (이사야 62. 4)

353. 자리

어떤 사람이 메기 낚시를 하였으나 여의치 않았다. 그러자 누가 와서 잡아놓은 메기 새끼를 미끼로 끼워주었다. 그때 옆에서 지켜보던 내가 말했다.

"메기가 메기 새끼를 잡아먹겠소?"

그러나 그는 아무 말 없이 다섯 개나 달린 큰 낚싯바늘에 메기 새끼를 통째로 끼워주었다. 그렇게 하여 실제로 메기를 잡았는지 확인할 수는 없었으나, 얼마 후 낚시하던 그 사람이 와서 이렇게 말했다.

"그동안 우리는 낚시로 메기를 잡아 생계를 꾸려왔소. 그런데 언제부턴가 어떤 사람이 위쪽에 나타나 싹쓸이하여 잡아가는 바람에, 지금은 메기 구경도 못 할 지경이오. 그러니 어쩌면 좋단 말이오?"

그 말을 듣고, 나는 대답할 말이 없어 머뭇거리다가 메기를 사려고 그에게 주문했다. 그런데 삶아서 그릇에 담아온 메기를 보니, 다섯 마리 모두가 머리와 꼬리는 없고 몸뚱이만 있었다. 그나마 온전치도 않았다. 그래서 크게 실망했다.

그리고 거기서 잠시 잠이 들었다가 깨어 보니 캄캄한 밤이었다. 주위는 칠흑같이 어두웠다. 사람은 하나도 보이지 않았다. 그때 어떤 사람이 내게 기분 나쁜 말을 하여 마음이 상했다.

나는 중간쯤은 된다고 생각했으나, 그가 나를 초짜라고 구박하며 한쪽 구석에 가서 수준에 맞는 시험지를 가져오라고 했기 때문이다. 그런데 그가 말한 구석으로 가보니 시험지가 없었다. 그제야 속이는 자가 나를 속였다는 사실을 깨달았다. 하나님의 뜻이 아님을 알고 오히려 한숨 돌렸다.

그리고 그곳을 벗어나려고 길을 찾을 때, 서치라이트가 나를 환하게 비추었다. 내가 발걸음을 옮길 때마다 대낮처럼 밝게 비쳤다. 그래서 그 어둡고 컴컴한 곳을 가로질러 신속하게 빠져나왔다. 그때 비가 추적추적 내리다가 잠시 후 멈췄다. 그러자 내 옆에 있던 어떤 사람이 우산을 들고 있다가 도로 접는 모습이 보였다.

내가 일하는 직장에서 대대적으로 인사이동이 있었다. 나는 전능하신 분의 뜻에 모든 것을 맡겼다. 보직 조정이 끝나자 자리 배치로 모두가 바삐 움직였다. 나는 내 자리가 어디로 정해지는지 조용히 지켜보았다.

사무실 배치를 보니 들어가는 입구 우측에 부서장의 방이 있었고, 그 안쪽으로 계급에 따라 자리가 잡혔다. 내 자리를 보니 처음에는 중간쯤 있다가, 점점 밀려나 맨 안쪽 구석으로 정해졌다.

그래서 구석 우측에 팀장이, 다음으로 '고상한 금전'이, 내 자리는 맨 아래쪽이 되었다. 그렇게 자리 배치가 모두 끝나 업무를 인수하려고 했다. 그때 옆방에서 누가 나를 불러 갔더니, 아무도 맡기 싫어하는 '미사일 총괄'이라는 업무를 맡으라고 했다.

그것도 하나님의 뜻이라 믿고 순종했다. 그러자 옆에 있던 '성스럽고 영원한 우정'이 나를 걱정하며 격려했다. 나는 예전에 그 모든 일을 한 번씩다 해본 경험이 있어 부담이 없었다. 게다가 이젠 모든 업무가 전산화되어 어려울 게 없다는 사실도 알고 있었다.

그리고 또 다른 업무를 인수하려고 했다. 그때 '정확한 계산'이라는 여직원이 와서 말하기를, '영원한 사랑'이라는 사람이 없어 업무를 인계할 수 없다고 했다. 다시 말해서 자기는 인계할 책임이 없으니, '영원한 사랑'이 오면 그때 하라는 것이었다.

그래서 다시 내 자리로 돌아가 보니, '철 따라 기쁨'이라는 팀장이 내 자리를 차지하여 책상을 정리하고 있었다. 그 사이에 그가 내 자리를 '고상한 금전'의 자리로 바꿔놓았던 것이다.

그렇게 나는 두 팀장 사이에 끼어 앉게 되었다. 여전히 자리에 연연하지 않고 자연스럽게 책상을 정리하기 시작했다. 그런데 이번에는 우리 팀의 자리를 부서장 다음가는 사람이 원한다고 하여, 우리 팀 모두가 다시 중간쯤으로 밀려 올라가게 되었다. 그리하여 또다시 자리가 바뀌었다. (2004. 10. 28)

354. 일거리

어느 명절 연휴에 고향을 찾았다. 아버지와 어머니는 밖에서 무슨 일을 하고 있었으나, 다른 가족은 하나도 보이지 않았다. 방에 들어가 보니 내 형제와 자매, 아이들이 화투에 빠져 있었다. 화가 치밀어 올라 화투판을 들어 엎고 소리를 질렀다.

"할 일이 그렇게도 없단 말인가?"

하면서 두 자매의 머리를 잡고 박치기시키며 아래층으로 내려갔다. 돌아온 창의 멱살을 잡고 벽에 대고 흔들었다. 그리고 다시 위층으로 올라가 보니, 그 와중에 아이들이 또 화투판을 벌이고 있었다.

"이것들이 또 화투를!"

아이들마저 모두 내쫓고 화투를 압수하니 화투가 두 목은 되었다. 화투를 모아 책상 서랍 맨 안쪽에 숨기고 나오자, 아버지가 못 마땅히 여기며 말했다.

"이 긴 명절에 아이들이 뭘 하면서 놀란 말이냐? 정 그렇다면 네가 하면 되지 않느냐?"

"오, 주여! 제 아버지가 하나님 아버지의 마음을 헤아리지 못함을 용서하소서."

어느 초등학교 교실과 내가 일하는 사무실이 몇 동의 건물과 함께 있었다. 아래층에서 위층으로 올라가는 계단이 좁고 가팔랐다. 내가 앞에서 올라가고 몇 사람이 내 뒤를 따랐다.

그때 내가 맥없이 픽 쓰러졌다. 뒤따라오던 사람들이 잡아 간신히 추락을 면했다. 정신을 가다듬고 다시 올라갔다. 하지만 마지막 한두 계단을 남겨두고 또 현기증이 일어나 뒤로 넘어졌다. 역시 뒤에서 올라오던 사람들이 잡아 넘어지지 않았다. 그래서 겨우 위층까지 올라갔다.

얼마 후 다시 아래로 내려온 나는 머리카락이 온통 헝클어져 있었다. 머리 아래쪽은 짧게, 위쪽은 길게 늘어져 있었다. 늘어진 머리카락에 노랑물이 들어 있어 내가 보아도 우스꽝스러웠다.

그때 나는 보직이 없어 일거리가 없었다. 그래서 여기저기 기웃거리며 왔다 갔다 하다가 양지바른 건물 앞에 쪼그리고 앉아 있었다. 내 복장을 보니, 낡은 검은색 가죽 잠바에다 초라하기 그지없었다. 실업자임을 누가 봐도 금방 알 수 있었다.

    그때 회계 부서의 장이 지나다가 나를 보고 측은히 여기며, 보자기를 내 목에 두르고 헝클어진 머리카락을 가지런히 깎아주었다. 그리고 머리도 감겨주었다. 미안해서 내가 감겠다고 했더니 괜찮다고 했다.

    그리고 걸어 나오면서 들으니, 뒤쪽 구석에 있는 회계 부서 사무실을 밝고 넓은 앞쪽으로 옮긴다고 했다. 앞에 있는 사무실은 이미 비어 있었다.

(2004. 10. 30)

제12편

길은 어디에

355. 황야

메마른 황야가 보였다. 이쪽과 저쪽에 무덤이 있었다. 농사를 짓지 않고 묵힌 지 오래된 산전에 잡목이 우거졌다. 경사가 덜한 쪽으로 길을 내려고 선을 그어 보았지만, 중간에 남의 땅이 있어 어려웠다.

"길은 어디에, 어디에 있나요?"

가냘픈 목소리로 노래를 불렀다. 부르짖고 부르짖었으나 길은 어디에도 보이지 않았다. 더 이상 방법이 없었다. 나뭇가지가 우거진 나무 위에 보금자리를 틀었다. 바람이 불면 바람을 맞고, 비가 오면 비를 맞았다. 눈이 오면 눈을 맞고, 추위가 엄습하면 추위에 떨었다.

그렇게 세월이 흘러갔다. 봄에는 산나물을 뜯어먹으며 연명했고, 여름에는 나무뿌리로 주린 배를 채웠으며, 가을에는 떨어진 과수 열매로 허기를 면했다. 하지만 겨울에는 양식이 없어 배고픔을 참고 견뎌야 했다.

통나무가 쓰러져 누운 곳이 내가 사는 집이었고, 이리저리 얽히고설킨 나뭇가지를 끌어다가 이불 삼아 덮고 잠을 잤다. 모질고 질긴 인생살이가 한없이 이어지면서, 한 해 또 한 해가 잘도 지나갔다. 하지만 그 어디에도 길은 보이지 않았다. 내가 할 일은 기다림뿐이었다. 그래서 내 노래는 오직이 한마디였다.

"길은 어디에, 어디에 있나요?"

그렇게 살아가던 어느 가을날, 모든 농작물의 수확이 끝났다. 그런데 내가 사는 주변에 얼마간의 조를 동그랗게 남겨두고 추수를 끝낸 사람이 있었다. 그해 겨울이 지나고 봄이 찾아왔다. 그 남은 조를 사방에 흩뿌렸다. 그러자 눈에 보이지 않는 분의 음성이 들려왔다.

"산전의 나물 밭이 조밭이 되었다!"

그리고 어느 날 길이 보이기 시작했다. 내 몸의 장기를 팔아 빚을 갚는 것이었다. 처음에는 콩팥을 팔고, 나중에는 간과 심장을 팔아야 했다. 처음에는 갈등했으나 결국 마음을 굳히게 되었다.

그렇게 해서 빚을 갚은 후 거처를 옮기려고 했다. 북쪽에서 남쪽으로, 거친 산기슭에서 푸른 초장으로, 추운 곳에서 따뜻한 곳으로, 바람이 많은 곳에서 바람이 적은 곳으로 가기를 원했다.

하지만 그것도 바람이었다. 시간이 흐르고 흘러 25년이라는 세월이 훌쩍 지나갔다. 나는 이미 노인이 되었고, 그때까지 여전히 빚은 청산되지 않았다.

내가 사는 땅을 보니 거칠고 황량했다. 스산한 바람까지 불어 기분까지 우울했다. 날카로운 돌멩이 부스러기들이 우수수 몰려오는 산비탈이었다. 더 이상 사람이 살 수 없는 황야였다.

그러나 나는 그곳에 계속 살고 있었다. 내 스스로 아무것도 할 수 없었다. 그러면서 여전히 가냘픈 목소리로 노래하며 기도했다.

"길은 어디에, 어디에 있나요?" (2004. 11. 1)

나는 네가 당한 환난과 궁핍을 알고 있다. 그러나 실상은 네가 부요한 자다. (요한계시록 2. 9)

356. 옥돌

어느 비탈진 산길을 따라 내려가고 있었다. 내가 맨 앞에 섰고, 다른 사람들은 나를 따랐다. 우리가 내려가는 길 왼쪽에 완만한 계곡이 있었다.

규모는 크지 않았으나 다소 경사가 있었으며, 주변에는 럭비공만 하고 호박처럼 생긴 옥돌들이 즐비하게 깔려 있었다.

그 옥돌들은 오랜 세월 동안 풍우를 통해 반들반들하게 다듬어진 듯했다. 하얀 바탕에 울긋불긋한 무늬가 있어 모두 보석처럼 보였다. 우리는 계곡 옆으로 이어진 오솔길을 따라 산 중턱을 내려가고 있었다.

그때 옥돌들이 아래쪽으로 미끄러져 내려갈 조짐이 보여 발걸음을 멈추었다. 내가 멈추자 뒤따르는 사람들도 멈췄다. 조용한 가운데 다시 보니, 금방이라도 쏟아져 내릴 듯이 보이던 옥돌들이 안전하게 자리를 잡고 있었다.

일단 안심이 되어 한숨 돌리며, 내가 들고 있는 옥돌 하나를 내 뒤를 따르는 자매에게 주었다. 그리고 다시 산을 내려가기 시작했다. 그런데 자매가 실수로 그 옥돌을 떨어뜨리고 말았다.

옥돌이 경사진 비탈로 데굴데굴 굴러갔다. 모두 숨을 죽이고 지켜보았다. 그 돌로 인해 바닥에 있는 다른 돌들까지 함께 굴러가지 않을까 싶어 걱정되었다. 하지만 그 돌만 굴러갔을 뿐, 다른 돌들은 제자리를 지키고 있었다.

산 아래 교회당으로 보이는 작고 허름한 오두막이 있었다. 마당에 빗물을 받으려고 파놓은 네모난 웅덩이가 보였다. 그 안에 요강이 있었다. 굴러간 옥돌이 그 요강 안으로 들어갔다.

그것을 보는 순간 안심이 되었다. 펄쩍펄쩍 뛰어 내려가 요강에 손을 넣어 옥돌을 집어내었다. 그리고 요강 속에 들어 있는 오줌을 쏟아버리고 깨끗이 씻은 후 한쪽 구석에 두었다.

그런데 하수구 구멍이 막혀 물이 잘 내려가지 않았다. 하수구에 손을 넣어 만져보니, 온갖 잡동사니 쓰레기가 구멍을 꽉 막고 있었다. 몇 차례에 걸쳐 지저분한 찌꺼기를 걷어내자 그제야 물이 시원하게 내려갔다.

지하 예배당에 내려가 예배를 드리고 위로 올라가다가 한 부부를 만났다. 그들이 빨간색 헌금 봉투를 건네주었다. 그 봉투를 보니 네모난 박스가 그려져 있었고, 박스 안 좌측 상단에 성경 구절이, 우측 상단에 주소와 전화번호, 팩스, 이메일 등이 인쇄되어 있었다.

아래쪽에는 '선이 빛나는 목자'라는 이름이 한글과 한문, 영문으로 씌어 있었다. 그 옆에 세로로 '목회자 올림'이라는 글도 있었다. 글자색은 흑백이 아니라 모두 컬러였다.

그들 부부를 보니 천사처럼 평화로운 모습이 깃들어 있었다. 내외가 모두 옷차림이 수수했다. 그들은 당대에 유명한 목회자로 알려져 있었다. 그 교회 목사님도 저명한 분으로 연세가 지긋했다.

그 목사님이 만사 제쳐놓고 그들 부부를 정중히 영접했다. 그러자 그들 부부는 그게 매우 이상하다는 듯이 여겼다. 그리고 그들이 가지고 온 호박을 선물로 내어놓았다.

얼마 후 '만사 좋음'이라는 사람이, '선이 빛나는 목회자' 내외가 타고 온 봉고차를 몰고 심부름을 가다가 접촉 사고를 일으켰다.

그때 나도 그 봉고차에 타고 있었다. '만사 좋음'이 잠시 한눈을 팔다가, 앞에서 신호를 기다리던 승용차 꽁무니를 살짝 들이받았던 것이다.

우선 차를 갓길에 세우고 상태를 살펴보니, 봉고차는 돌출된 철판이 안으로 약간 휘어졌을 뿐 다른 곳은 이상이 없었다. 하지만 승용차는 뒤쪽 범퍼와 앞뒤 프레임이 모두 떨어져 나갔다.

'만사 좋음'과 승용차 운전자가 각자 계산을 하더니, 두 사람 모두 수리비용이 56만 원쯤 될 것이라고 했다. 그래서 '만사 좋음'이 카드를 건네주며 우선 차를 고치라고 했다.

그때 승용차 운전사가 '만사 좋음'을 보고 목사님이 아니냐고 물었다. 그가 아니라고 하며 몸짓으로 나를 가리켰다. 그러자 승용차 운전자가 나를 목사님으로 알고 수리비를 받지 않겠다고 했다. 우리가 아니라고 하면서 강권하여 받으라고 했더니 마지못해 카드를 가지고 갔다.

그 후 '선이 빛나는 목회자' 내외가, 우리 농촌교회에 와서 한동안 기거하며 농사일을 거들다가 떠났다. (2004. 11. 3)

이스라엘의 반석이신 하나님께서 내게 말씀하셨다. "의롭게 다스리는 자, 하나님을 두려워함으로 다스리는 자는, 쏟아지는 아침 햇살 같고, 청명한 아침 같으며, 비온 뒤의 햇볕으로 파릇파릇 돋아나는 새싹과 같다." (사무엘하 23. 3-4)

357. 약

공동묘지 너머에서 판잣집을 짓고, 부모님과 형제자매, 아들딸이 함께 살고 있었다. 그때 조카딸을 비롯하여 친척들이 찾아왔다. 어떻게 알고 찾아왔느냐고 물었더니, 읍내에서 택시를 탔다고 했다. 그 공동묘지는 1970년 사고로 내가 장애인이 되었던 곳이다.

어느 날 교회에서 손님이 찾아왔다. 나가 보니 사모님이 팥죽처럼 보이는 음식을 세 그릇 가지고 왔다. 그 가운데 한 그릇은 내 몫으로 보여 내가 먹으려고 했으나, 어딘가 모르게 찜찜하여 망설이고 있었다. 그때 어떤 사람이 와서 그 죽을 맛있게 먹었다. 그래서 나도 따라 먹었다.

한 자매가 어떤 사람에게 신비한 약을 뿌리고 있었다. 그 약을 뿌리면 사람이나 짐승이 감쪽같이 사라져버렸다. 그런데 사라질 사람은 멀쩡히 있고, 오히려 약을 뿌린 그 자매가 보이지 않았다.

그런데 얼마 후에 보니, 그 사람도 역시 사라지고 보이지 않았다. 그래서 결국은 두 사람이 모두 보이지 않았다. 나중에 보니 전혀 다른 세상에서 살아가고 있었다. (2004. 11. 4)

358. 길(1)

끝이 없는 길을 막연히 걸어가고 있었다. 어느 때는 땡볕에 비지땀을 흘려야 했고, 어느 때는 비바람에, 어느 때는 눈보라를 맞아야 했다. 숱한 사람들 틈바구니에 끼어 나도 그렇게 걸어갔다. 어디 가는지도 모르고, 왜 가야 하는지도 모른 채, 다른 사람이 걸으니 나도 걸었다.

그렇게 가다가 보니 어둡고 긴 터널이 나타났다. 하지만 터널을 지나자 밝은 빛이 보였다. 흐린 날과 갠 날, 궂은 날과 화창한 날이 수시로 바뀌었다. 하지만 누구 하나 불평하거나 짜증 내는 사람이 없었다. 마냥 앞만 보고 걸었다.

시가지의 여러 블록을 지나자 다시 긴 터널이 나타났다. 그 터널을 지나 왼쪽 언덕에 내가 들릴 집이 있었다. 그래서 터널 중간쯤에서 행렬을 벗어나 그 집을 다녀오게 되었다. 그때 항상 내 옆에서 걸어가던 감시자가 규정 위반이라고 하면서 나무랐다. 하지만 부득이한 사정이 있다고 얘기하자 수긍했다.

그래서 어딘가 모르지만 가까운 거리에, 한 블록 정도만 지나면, 내가 가고 있는 최종 목적지에 이를 것 같다는 생각이 들었다. 그리고 얼마쯤 가다가 어느 농촌 마을에 들러 잠시 쉬었다.

그때 어떤 사람이 배구공을 들고 나왔다. 그 공은 미세하게 바람이 빠지고 있었다. 그래서 어떤 이가 구멍에 본드를 발라 바람이 빠지지 않도록 응급조치를 취했다. 하지만 별 효과가 없었다. 여전히 바람이 샜다. 물속에 넣어보니 한두 방울씩 쉬엄쉬엄 바람 빠지는 것이 보였다. 누군가 그 공을 꺼내려고 하자 어디선가 그대로 두라는 소리가 들려왔다.

그 순간 바람이 새는 구멍으로 지렁이 한 마리가 빠져나오고 있었다. 처음에는 작은 놈이 나오더니 나중에는 팔뚝만 한 놈이 나왔다. 그렇게 쉴 새 없이 지렁이가 나오더니 나중에는 쥐새끼도 나왔다. 그 쥐새끼는 고양이를 잡아먹은 지독한 놈이라고 누군가 말했다. (2004. 11. 5)

359. 개구리

어느 학교에서 수업이 끝나 강사료를 주었다. 그때 어떤 사람이 사적으로 강사에게 용돈을 주었다. 이어서 다른 수업이 끝나자 그가 또 강사에게 돈을 주었다. 강사가 얼굴을 붉히며 말했다.

"용돈을 주니 잘 쓰겠소."

그때 내가 옆에서 말했다.

"받아 쓸 돈은 받아야지요."

그리고 나는 화장실로 갔다. 화장실이 재래식이라 지저분했다. 접근할 수 없을 정도였다. 화장실 안에 분뇨가 수북이 쌓여 있었다. 거적으로 대충 덮어 눈가림만 해 두었다. 멀찌감치 서서 소변을 보았다.

그때 옆에 쌓인 분뇨 속에서 개구리 같은 짐승이 슬금슬금 기어 나오더니, 내 허벅지 사이로 뛰어올라 철썩 달라붙었다. 너무 징그러워 뒤로 물러서면서 뿌리치자, 다시 분뇨 속으로 쑥 들어가 버렸다.

이어서 여러 마리의 개구리가 계속 덤벼들었다. 그것들을 털어내느라 소변도 제대로 보지 못하고 나왔다. 어두워서 잘 보이지 않았으나 색깔이 검고 끈적끈적했으며, 똥구덩이 속에 집을 짓고 살았다. (2004. 11. 6)

주님이 말씀하신다. "가련한 사람이 짓밟히고 가난한 사람이 부르짖으니, 이제 내가 일어나 그들이 갈망하는 구원을 베풀겠다." (시편 12. 5)

360. 달리기

장애인과 비장애인이 함께 달리기 경주를 했다. 아나나 다를까, 장애인이 맨 꼴찌로 달리고 있었다. 그렇게 한참 가다가 보니, 선수들은 자연스럽게 세 줄을 만들었다.

첫 줄 뒤쪽에서 '바른 방식'이 사심 없이 앞만 보고 열심히 달렸다. 그 뒤를 내가 바싹 따라가고 있었다. 유독 그와 나만 뒤처져 달렸다. 그래서 나는 '바른 방식'을 벗어나 우측 줄로 바꾸었다.

그러자 '바른 방식'이 첫 줄 맨 꼴찌가 되었고, 나는 중간 줄 중간 그룹에 들게 되었다. 하지만 '바른 방식'은 순위에 관심이 없는 듯, 아무 말 없이 그저 앞만 보고 달리기에 열중했다.

내가 줄을 바꿔 달리다 보니 '세상 진리'가 경쟁자가 되었다. 그가 내 앞을 막기 시작했다. 나도 질세라 그를 막았다. 그러자 그와 나는 둘 다 뒤처지기 시작했다. 그래서 도저히 선두 그룹을 따라갈 수 없었다. 가운뎃줄 맨 앞에는 '공중 권세'가 계속 선두를 지키고 있었다.

그때 나는 페어플레이를 방해하는 '세상 진리'에 밀려서는 안 된다고 생각했다. 그래서 그가 반칙하면 나도 반칙을 했다. 아닌 게 아니라, 그는 조금만 불리하면 시도 때도 없이 반칙했다. 참다못해 그의 목덜미를 움켜잡고 뒤로 제쳐버렸다. 그리고 앞으로 나아가자 어느덧 최종 라인을 지나고 있었다. (2004. 11. 7. 주일)

내가 세상에서 살펴보니, 빠르다고 해서 경주에서 이기는 것이 아니며, 용사라고 해서 전쟁에서 이기는 것도 아니더라. 지혜가 있다고 해서 먹을 것이 생기는 것도 아니며, 총명하다고 해서 재물을 모으는 것도 아니며, 배웠다고 해서 늘 잘되는 것도 아니더라. 불행한 때와 재난은 누구에게나 일어나기 마련이다. (전도서 9. 11)

361. 선풍기

무슨 연유로 제주도를 다시 찾았다. 하지만 불안하고 초조했다. 우리의 모임을 방해하는 세력이 있었기 때문이다. 여름철이라 살평상에서 잤다. 그때 우리를 지켜주는 친절한 분이 있었다. 그분은 우리가 잠잘 때도 늘 옆에서 파수를 보았다. 우리가 잠자리에서 일어나면 그제야 한쪽으로 가서 눈을 붙였다.

어느 날 아침이 밝았다. 우리가 자리에서 일어나자 그분은 늘 하던 대로 한적한 곳을 찾아갔다. 그리고 벽에 비스듬히 기대어 눈을 붙였다. 그때 나는 그분에게 살그머니 다가가 그분의 가슴에 기대어 누웠다. 사도 요한

이 예수님의 품에 기대 누웠던 그대로 했다. 그러자 한 자매가 물었다.

"'seller to say'가 무슨 뜻이지?"

그때 나는 그 말을 이해하지 못했으나 대뜸 대답했다.

"시원하게 해주는 선풍기라는 뜻이지."

그리고 우리는 어디를 가려고 버스를 탔다. 그런데 운전사가 도착하지 않아 버스 옆에 서서 기다렸다. 그런데 기사가 언제 와서 탔는지 운전하기 시작했다. 얼른 가서 출발하는 버스의 문을 잡고 가까스로 올라탔다.

버스를 타고 보니 만원이었다. 통로에 보조의자를 펴고 앉은 사람도 있었다. 그래서 나는 운전석 옆에 서서 가게 되었다. 백미러로 버스에 탄 사람들을 보고 소감을 피력했다.

"제주도에 와서 이렇게 선한 분들을 많이 보기는 처음입니다."

그러자 기사가 대답했다.

"돈 많은 배불뚝이 빼고 모두 착한 사람들이죠."

그때 버스 안을 쭉 둘러보니 배불뚝이가 하나도 없었다. 그래서 맞장구를 쳤다.

"사실 배불뚝이치고 선한 사람을 찾아보기 어렵고, 선한 사람이 배불뚝이 되기도 어렵지요."

그러자 버스에 탄 사람들이 우레와 같은 박수로 환호했다. 나는 농담조로 맞장구를 쳤다가 예상치 못한 환호에 당황하며 몸 둘 바를 몰랐다.

그리고 얼마 뒤 기사가 차를 세우더니, 엔진 덮개 위에 놓인 음료수와 과자, 맥주 등을 나눠주었다. 그때 뒷좌석에 앉은 '최종 규범'이 다가오더니, 음료용 작은 맥주를 자기 컵에 반쯤 따르고 나머지 반은 내게 주면서 축배를 권했다. 하지만 나는 일언지하에 사양했다. (2004. 11. 10)

성급하게 화내지 마라. 그것은 바보들이나 하는 짓이다. (전도서 7. 9)

362. 열쇠

성경 공부와 경건 생활을 위한 모임이 있었다. 집회를 인도하는 목사님은 참으로 순수했다. 함께 참석한 형제와 자매들도 하나같이 깨끗한 공동체 생활을 위해 노력했다. 하지만 그 수는 예닐곱에 불과했다.

어느 날 우리는 넓은 공간에서 밤이 늦도록 공부했다. 공부가 끝났음에도 돌아가지 않고 그 자리에서 졸았다. 리더가 아래층으로 내려가야 한다고 하면서 자리에서 일어났다. 나도 자리를 정돈하고 일어나면서 늘 하던 대로 주변을 한번 살펴보았다. 그때 한 형제가 깊이 잠들어 있었다. 그를 깨우며 말했다.

"이렇게 큰 건물에서 자면 가위에 눌릴 수 있어."

그러자 리더도 한마디 거들었다.

"참으로 나는 그런 예를 허다하게 보았다."

그렇게 그를 깨워 아래층으로 내려갔다. 성도들이 삼삼오오 모여 들었다. 그때 나이는 50대 후반쯤 되고, 얼굴은 천사처럼 순수하고, 마음은 어머니처럼 자상한 권사님이, 내 손을 꼭 잡으며 반갑게 맞아주었다.

그리고 강단 우측에 모여 있는 10여 명의 장로님 가운데 한 사람을 불러 나에게 소개하기도 했다. 그때 사람들 앞에 뒷모습으로 다소곳하게 앉은 자매도 있었다. 목사님의 사모라고 했다.

그곳은 지하실로 큰 예배당이었다. 그런데 무슨 연유로 성도들이 양분되어 있었다. 담임 목사님을 따르는 부류와 그렇지 않은 부류로 나뉘어 있었다. 목사님을 따르는 부류는 나와 같이 성경 공부를 하는 예닐곱에 불과했고, 나머지 사람들은 모두 반대편에 서 있었다.

그날 목사님이 마지막 예배를 인도하는 것으로 보였다. 그러다 보니, 사람들이 많이 모이긴 했으나 분위기는 무척 무거웠다. 예배가 끝나면 목사님과 그를 따르는 사람들은 교회를 떠나야 했다. 그래서 더욱 많은 사람이 모여 성황을 이루었다.

그때 보니 교회당 벽에 성도들마다 그 성향을 분석하는 전자장치가 붙어 있었다. 가로 6개, 세로 6개, 합이 36개의 작은 전구가 달린 흰 석고판이었다. 전구마다 특별한 의미가 있는 것으로 보였으나 나로서는 알 수 없었다.

하지만 분명한 것은, 왼편 3개의 세로줄은 세상에 속한 사람들로 보였고, 오른쪽 3개의 세로줄은 성령에 속한 사람들로 보였다. 세상에 속한 왼쪽 줄의 맨 위에 불이 들어온 사람들은 교회에 남고, 성령에 속한 왼쪽 줄의 맨 위쪽에 불이 들어온 사람들은 목사님과 함께 교회를 떠날 예정이었다.

그런데 이상한 점은, 이쪽과 저쪽 모두 불이 들어오지 않은 사람들의 수가 더 많다는 사실이었다. 아예 하나도 불이 들어오지 않은 사람들이 대부분이었다. 그때 내가 소리쳤다.

"이편이냐 저편이냐에 대해 너무 집착하지 마십시오. 그보다 양쪽을 다 포용하는 중도가 오히려 나을지 모릅니다."

아무튼 고별 예배가 끝난 뒤 잔치가 베풀어졌다. 모든 사람이 맛있게 음식을 먹었다. 건물 안팎을 불문하고 모두 식사하느라 분주했다. 하지만 나는 음식을 먹을 수 없었다. 내가 가지고 있던 5개의 열쇠를 모두 잃어버렸기 때문이다.

배가 고파서 무엇을 먹었으면 하였으나 그럴 수 없었다. 열쇠를 잃은 것이 내 생명을 잃은 것과 같았기 때문이다. 그래서 내가 지나온 길을 적어도 3번 이상 오르락내리락하며 뛰어다녔다. 하지만 열쇠를 찾기는커녕 오히려 내가 들고 있는 가방마저 잃고 허둥댔다.

얼마 후에 보니 다행히 가방은 도로 찾아 들고 있었다. 하지만 열쇠는 여전히 찾지 못한 채, 어느 유력한 곳에 머물러 있었다. 그곳은 분실한 열쇠를 보관하는 장소로 보였으며, 나는 그곳에 마지막 기대를 걸었다.

길가에 세워진 열쇠 보관함에 키를 담아두는 서랍이 쭉 달려 있었다. 맨 위쪽에 몇 개의 열쇠가 보였으나 내 것이 아니었다. 그래서 모든 서랍을 다 열어보게 되었다. 그때 나는 마지막 기대를 걸고 잠시 숨 고르기를 했다. 여전히 가방은 손에 들고 있었다. (2004. 11. 12)

씨를 뿌리는 곳마다 댈 물이 넉넉하고, 어디서나 안심하고 소와 나귀를 놓아 키울 수 있으니, 너희는 복이 있다. (이사야 32. 20)

363. 아가원

'아가원(我佳園)'이라는 소규모의 복지재단으로 발령을 받았다. 마일리지를 보니 나보다 거의 3배나 많은 쟁쟁한 사람들이 있었으나, 햇병아리 같은 내가 이사장으로 낙점되었다.

넓고 푸른 초장을 쭉 둘러보고 강가로 내려갔다. 언젠가 수해로 인해 유실된 도로가 보였다. 안타깝게 바라보고 있을 때 중장비 한 대가 다가왔다. 기사가 내려와 하는 말이, 이제 곧 복원 공사가 시작된다고 했다.

그리고 공사가 시작되면, 강의 물줄기가 바뀌어 무너진 도로 옆에 있는 지하실 출입문을 폐쇄해야 하며, 오폐수가 역류할 수 있다고 했다. 그래서 화장실에 들어가 시험해 보니, 아닌 게 아니라 흉흉한 오수가 넘쳐 인분이 벽에 달라붙었다.

어쩔 바를 몰라 허둥대다가, 아래쪽에 설치된 메인 배관의 스위치를 돌리자 그제야 물이 싹 내려갔다. 오수가 빠져나간 바닥을 보니 찌꺼기만 약간 남았을 뿐, 그런대로 모든 것이 깨끗했다. 호수를 이용하여 벽에 묻은 오물을 마저 씻어 내렸다.

그 후 중요한 계약이 있어 오토바이를 타고 달려갔다. 가다가 보니 길이 좁아지고 과수나무의 가지가 앞길을 막았다. 처음에는 가지를 꺾으며 나아갔으나, 가지가 너무 크고 나무도 커서 그럴 수 없었다.

그때 좌우를 살펴보니, 과수원 안쪽으로 사람들이 지나간 흔적이 있었다. 그래서 우측 길로 빠져나갔더니 삼거리가 나왔다. 거기서 잠시 멈춰 생각해 보니, 우측 숲으로 들어가야 약속된 장소가 있고, 바로 가면 출구가 나올 것 같았다.

그 길은 내가 알고 있는 넓고 평탄한 길이었다. 그래서 계약을 마치고 나갈 때는 그 길로 가야겠다고 생각했다. 그래서 우측 길로 들어가려는 순간, 내 눈앞에 오래된 책이 한 권 보였다.

그 책 표지에 누렇게 바랜 글씨로 '亡解口(망해구)'라 씌어 있었다. '망하는 구멍'인가 싶어 잠시 주춤거렸다. 그런데 다시 뜯어보니 '망조를 풀어주는 출입구'라는 생각이 들었다.

다만 '口' 자 밑에 'ㄴ' 사 비슷한 토씨가 붙은 것으로 봐서 '망해구'인지 '망해군'인지, 또 그에 따른 특별한 의미가 있는지는 몰랐다. (2004. 11. 13)

나 만군의 주가 말한다. 바빌론 도성의 두꺼운 성벽도 완전히 허물어지고, 그 높은 성문들도 불에 타 없어질 것이다. 이렇게 뭇 민족의 수고가 헛된 일이 되고, 뭇 나라의 노고가 잿더미가 되어 모두 지칠 것이다. (예레미야 51. 58)

364. 개미지옥

자정이 넘도록 글을 쓰다가 자리에 들었더니 6시가 지나서 일어났다. 늘 하던 대로 베개를 등에 받치고 옷장에 기대어 묵상하기 시작했다. 주일이라 지난 한 주간을 돌아보고 감사기도를 드렸다. 그리고 이번 주간에 있을 일을 위해서도 기도했다.

그때 갑자기 큰 설움이 북받쳐 올랐다. 내일 제주도 주택의 소유권이 이전되고 근저당권이 변경되어 양도신고를 마치게 된다. 그로 인해 약 4,000만 원의 손해를 보았다. 그나마 주님의 도움으로 그 정도에서 마무리되었다. 안타까운 점도 많으나 한편으로 감사한 마음도 들었다.

그런데 문제는 그것이 아니었다. 다동 상가의 처분을 위해 기도하자 갑자기 분노와 울분이 솟구쳤다. 그로 인해 또 얼마나 손해를 볼지 몰랐기 때문이다. 그때 개미지옥 같은 웅덩이 속으로 쉴 새 없이 물이 빠져나가는 모습이 다시 보였다.

그동안 대출금 이자라도 덜어보려고 그토록 발버둥을 쳤건만, 그 또한 정말 '망할 구멍'이었다. '망했군! 망했어!'였다. 이자와 관리비만 해도 매월 100만 원 이상이 나갔다. 지난해 8월에 생긴 일이었다.

내 머리를 쥐어뜯으며 고통과 괴로움을 호소했다. 내가 하는 일은 왜 이렇게, 모두가 하나같이 저주 아래 있어야 하는가? 차라리 가만히 있기만 못하단 말인가? 그토록 힘쓰고 애쓰며 기도하고 노력했건만, 왜 결과는 이렇게 참담하단 말인가?

돌아보면, 그때 주님께서 그 상가를 계약하지 못하도록 나를 그렇게 멀리 보내셨건만, 중개인이 대리로 계약하여 이 어려운 개미지옥으로 끌어들인 게 아닌가? 그것을 내가 왜 거절하지 못했단 말인가? 어째서 이 세상 사람들을 천사로만 생각하고 따랐단 말인가? 그 모두가 음흉한 사탄의 함정이었던 것을!

오전 9시 예배를 드리기 위해 자리에서 일어났다. 그리고 운동을 하려고 옥상에 올라갔다. 늘 하던 대로 하늘을 향해 소리쳤다. 그 순간 나도 모르게 내 입에서 이 말이 자꾸 튀어나왔다.

"내 살아 있으니 감사드리고, 주 생명 주시니 사랑합니다!" (2004. 11. 14. 주일)

내 형제자매 여러분, 여러 가지 시험을 당하더라도, 그것을 더할 나위 없는 기쁨으로 여기십시오. (야고보서 1. 2)

365. 응시원서

어린이 놀이터에 철제 구조물이 하나 있었다. 그 위에 둥지를 틀고, 다리를 쭉 뻗어 포갠 후 드러누워 쉬었다. 그때 장애인 단체장이 싱글벙글하며 와서 말했다.

"이번 기회에 여기 응시원서를 내어 보아라. 주방장으로 채용되면 더욱 좋고, 그렇지 않더라도 이쪽이나 저쪽 다 좋다."

그리고 지역신문 한 부를 건네주었다. 거기 직원모집 광고가 있었고, 모집 부문은 두 곳이었다. 그때 나는 이미 어느 회사에 응시원서를 낸 상태였으나, 아무 이의 없이 그렇게 하겠다고 했다. (2004. 11. 15)

366. 훼방꾼

어느 저수지에서 '만사 좋음'과 함께 낚시를 했다. 나는 낚시도구가 없었다. 그가 낚시하는 것을 지켜만 봤다. 그는 낚싯대 중간쯤에 못을 박아 절반만 사용했다. 그래서 물가에 낚시를 던졌다. 찌의 높이를 보니 깊이가 어른 한 키는 넘을 듯했다.

낚시를 던져놓고 기다렸으나 통 입질이 없었다. 딱 한 번 입질이 있었으나 수초덩어리만 달려 나왔다. 옆에서 낚시하던 다른 사람들도 손가락 두 개를 포갠 정도의 참붕어 한 마리 외에 잡는 것을 보지 못했다.

그래서 나중에 네 칸 반짜리 긴 낚싯대로 멀리 던졌다. 하지만 그것도 효과가 없었다. 어느덧 자정이 가까워 나는 집으로 돌아가려고 했다. 하지만 그는 여전히 낚시를 하려고 했다.

주변이 칠흑같이 어두웠다. 어떤 사람이 전등을 들고 내 앞서 걸어갔으나 언덕 위에 이르러 멈칫멈칫했다. 언덕 아래로 내려가는 길이 좁고 험했으며 스산한 기운까지 감돌았다.

하지만 나는 용기를 내어 아래로 내려가기 시작했다. 생각보다 길이 넓고 평탄했다. 더욱이 길 중간쯤에 도우미들이 횃불을 들고 마중을 나와 있었다. 그래서 중간까지 쉽게 내려갔다.

그런데 중간을 지나 거미줄에 걸렸다. 대수롭지 않게 여기며 계속 나아 갔지만, 거미줄이 너무 많아 만만치 않았다. 급기야 거미줄에 튕겨 뒤로 물러났다.

그러자 도우미들이 달려와 거미줄을 걷어주었다. 그래서 좀 더 앞으로 나아갔다. 그때 다시 새로운 거미줄이 나를 옭아 묶었다. 도우미의 도움 없이 나 스스로 걸으며 앞으로 나가려고 밀어붙이기 시작했다. 하지만 앞으로 가면 갈수록 거미줄이 점점 더 많았다. 심지어 새끼줄처럼 강하게 꼬이기 시작했다.

급기야 거미줄이 그 어떤 끈보다 강한 밧줄이 되었고, 고무줄처럼 늘어나는 탄력까지 받았다. 내 힘으로는 도저히 감당할 수가 없었다. 부득불 또 뒤로 튕겨 나오게 되었다. 그러자 다시 도우미들이 다시 달려들어 가위로 자르고 불로 태워 거미줄을 제거해 주었다. 그래서 가까스로 그곳을 빠져나왔다.

그렇게 비탈길을 내려와 개울을 건너려고 하였다. 그런데 이번에는 도랑 속에서 훼방꾼이 나타나 길을 방해했다. 그래서 그놈과 기 싸움을 벌였다. 다행히 그놈은 그리 강하지 않았다. 목침같이 생긴 그놈은 눈치만 살살 살폈다. 그래서 순식간에 그놈의 모가지를 비틀어 개울 건너편으로 던져버렸다.

그러자 그놈이 이번에는 눈싸움을 걸어왔다. 그놈은 더 이상 꼼짝달싹하지 않았다. 그래도 미심쩍어 뒤를 힐끔힐끔 돌아보며 '이익 도래'의 집으로 들어갔다. 그제야 한숨 돌린 후 방에 들어가 쉬려고 했다.

그때 내 손을 보니 너무 더러웠다. 그래서 손을 씻으려고 물을 찾아보니 다행히 군불을 때는 가마솥 안에 따뜻한 물이 있었다. 그 물로 손을 씻었다. (2004. 11. 17)

367. 일

여왕을 모시는 남녀 시종이 있었다. 그들은 부부처럼 보였으며, 무슨 일을 하든지 항상 함께했다. 그들은 여왕의 비서장으로 보이는 사람의 지시를 받으며, 주어진 일을 천직으로 알고 열심히 했다.

그들은 단 하루도 일하지 않으면 밤잠을 제대로 못 잘 정도로 일에 대한 열심이 특별했다. 그리고 아주 순박하고 부지런했다. 다만 한 가지, 지혜가 부족하여 그저 남이 시키는 대로만 일할 뿐이었다. 스스로 일을 찾아 하기에는 어딘가 모르게 정신이 조금 박약했다.

어느 날 그들은 비서장의 말을 잘못 알아들어 일을 그르쳤다. 하지만 심각한 것은 아니었다. 그들이 영어를 잘 몰라 실수했던 것이다. 다름 아닌 현재형과 현재 완료형을 분간하지 못했다.

나중에 여왕이 말하는 것을 보니, 분명히 'has been …' 이라는 완료형이 들어 있었다. 그런데 그들은 그것을 분별하지 못해 예전에 하던 대로 했다.

하지만 여왕은 하나님처럼 크고 넓은 아량을 품은 사람이었다. 그래서 그들을 나무라거나 책망하지 않고, 오히려 그들의 변함없는 섬김을 고마워하며 얼마간의 휴가를 주려고 했다.

그러나 그들은 휴가를 몰랐다. 쉬는 것을 일하는 것보다 더 힘들어 했다. 그래서 그들은 휴가를 마다했다. 옆에서 그 모습을 지켜보던 비서장이 어쩔 줄을 몰라 허둥댔다.

어느 곳에 한 건물이 있었다. 그 주변을 정리하고 있었다. 찔레나무가 많이 자라 그루터기만 남기고 모두 잘라주었다. 그러자 네모반듯한 공간이 생겼다. 청소까지 하였더니 숨통이 탁 트이는 듯했다. 마음까지 시원했다.

그때 그 건물 주춧돌 옆에 개미들이 부지런히 일하고 있었다. 자세히 보니 손가락 두 마디만 한 알 서너 개를 개미집으로 끌어가고 있었다. 옆에 있던 '현자 성취'라는 사람이 재빨리 그 알을 가로채 들고 말했다.

"이걸 먹어치워 버릴까?" (2004. 11. 19)

368. 인생

지난밤 목감기에 피로까지 겹쳐 일찍 잠자리에 들었다. 자리에 눕자 불현듯 떠오르는 허무감에 눈시울을 붉히며 겨우 잠이 들었다.

"세월은 정말 빠르구나. 모질고 무심하구나. 아이들은 벌써 자라서 어른이 되었는데, 나는 여전히 아이들보다 못 하구나. 누가 인생을 무상하다고 했던가? 내게는 비참하기 그지없구나. 나는 정녕 이렇게 살다가 이렇게 죽을 것인가?"

나는 무슨 일을 하든지 항상 어려움이 따랐다. 주님의 은혜로 이를 악물고 버텨왔다. 그래서 감동적인 글을 쓰게 되었다. 탈고까지 마쳤다. 그리고 '기대 효과'에게 보여주었다. 그런데 대충 읽어보더니 갈기갈기 찢어버렸다. 예기치 못한 일에 크게 실망했다.

날이 어두워 집으로 돌아갔다. 집에 도착하자 비가 억수같이 쏟아졌다. 모진 비바람으로 언덕 위에 세워진 우리 집은 금방 쓰러질 듯했다. 빗물이 하수같이 흘렀다. 이리저리 다니며 가재도구를 챙기고 비설거지를 했다.

마치 노아의 홍수를 방불케 했다. 한 발자국만 잘못 내디뎌도 급류 속으로 빨려 들어갈 듯했다. 물살은 이 세상 모든 것을 집어삼킬 듯 거칠고 사나웠다.

얼마 후 비가 그치더니 물살도 사그라졌다. 우리 집을 지키던 '평화의 바다' 할머니가 밭으로 일하러 나간 며느리, 곧 내 어머니를 걱정했다. 매일 일하러 나가는 내 어머니는 하루도 빠짐없이 평생을 부지런함으로 살아가는 억척 여성이었다. 그리고 저녁때가 되면 어김없이 돌아와 저녁식사를 준비했다.

그런데 그날은 날씨도 사납고 저물었으나 돌아오지 않았다. 그래서 할머니의 걱정은 태산이었다. 날이 점점 더 어두워지자 불안감에 휩싸이기 시작했다. 그때 '돌아온 세월'이라는 아저씨가 우리 집을 찾아왔다. 어머니는 그 아저씨의 밭에서 일한 듯이 보였다. 아저씨가 뭐라고 하자 할머니가 그를 크게 질책했다.

그럴 즈음, '세계 제일'이라는 사람의 어머니가 또 찾아왔다. 그 여인도 내 어머니와 같이 부지런한 사람이었고, 항상 어머니와 함께 다녔다.

그 부인의 증언에 의하면, 어머니가 일하는 '새터골'은 대낮에도 사나운 짐승이 나오는 깊은 산중이라고 했다. 언젠가 그 짐승이 사람을 잡아먹고 간 일부를 길가에 버려둔 것을 본 적이 있다고 했다.

그러면서 모르긴 해도, 우리 어머니도 그 짐승에게 변을 당한 듯이 보인다고 했다. 나는 그 즉시 내 어머니에게 안 좋은 일이 일어났다는 생각이 들었다. 너무 충격적이라 망연자실했다.

"이를 어쩔꼬? 어떡해? 그토록 부지런한 내 어머니가 변을 당하다니! 어찌할꼬? 어떡할꼬? 내가 진작 돈을 벌어 편히 모셨다면, 내가 이 빚만 지지 않았다면, 이런 일은 결코 없었을 것을!"

하지만 마냥 앉아서 슬퍼하고 있을 수만 없었다. 자리를 박차고 일어나 즉시 길을 나섰다. 내 아이들은 철이 없었다. 나를 따라오기는 했으나 저희끼리 장난을 치면서 키득거렸다. 그런 일은 어른들이 알아서 하는 것으로 생각하는 듯 슬퍼하는 기색도 없었다.

험한 산길을 따라 '새터골'을 향해 올라갔다. 재를 하나 넘으니 정상에 조그만 가게가 보였다. 그때 같이 가던 일행 가운데 한 자매가 말했다.

"그러니까 9월 4일 이사만 했다면, 이런 참변은 없었을 게 아닌가?"

산등성이를 넘어 건너편 계곡으로 내려가면서 보니, 상여 하나가 우리 앞을 지나가고 있었다. 유족으로 보이는 사람들이 따라가며 애곡했다. 그 걸 보고 어머니의 시신만이라도 찾을 수 있기를 간절히 기도했다.

이윽고 '새터골'로 들어가는 입구에 도착했다. 내 어머니가 이 어둡고 무시무시한 산골짜기에서, 이 못난 자식을 위하여, 날마다 죽음을 무릅쓰고 피땀을 흘리며 일했다는 사실을 생각하니, 눈물이 앞을 가려 차마 걸을 수가 없었다.

그때 주인에게 '충성'을 다한다는 진돗개 한 마리와, '평화'를 안겨준다는 비둘기 한 마리가 나타나 내 길을 인도했다. 그러다가 '새터골' 입구 좌측 산기슭에 두 마리가 나란히 앉았다. 내가 가까이 가자 땅바닥에 깔린 낙엽을 치우기 시작했다.

그러자 그곳에 구멍이 있었다. 그 구멍에서 시신 일부로 보이는 살점 조각을 꺼내더니, 나중에는 운동화를 바짝 졸라맨 발도 나왔다. 그리고 헝클어진 머리카락까지 나왔다.

진돗개와 비둘기가 내 어머니의 남은 시신을 수습하여, 그 굴속에 감추고 낙엽으로 덮어둔 것처럼 보였다. 그때 저만큼에서 아버지가 다가오는 모습이 보였다. 손짓하며 아버지를 불렀다.

그토록 부지런하고 헌신적으로 평생을 살았던 내 어머니가, 어떻게 이런 모습으로 나타날 수 있을까? 정말 하늘도 무심하다는 생각이 들었다.

그때 순간적으로 사랑과 공의의 하나님에 대한 신뢰가 흔들렸다. 내 삶의 뿌리가 송두리째 뽑히는 듯했다. 인생이 무엇인지 정말 회의감이 들었다. 너무너무 너무나 허무했다. (2004. 11. 27)

369. 부인(否認)

오늘은 향우회 총회가 있는 날이다. 자정에 일어나 잠을 이루지 못했다. 혹시 주님을 떠나 실족하지나 않을까, 총무로서 주님의 영광을 가리지나 않을까 하는 등의 생각에 사로잡혀 밤을 지새웠다.

그러다가 새벽녘에 '영원 맑음'이라는 선생님이 소장하고 있는 액자를 보았다. 거기 이런 말씀이 있었다.

'누구든지 나를 따라오려거든 자신을 부인하고, 자기 십자가를 지고 따르라.' (마태복음 16. 24)

그리고 그 선생님이 이런 메모지를 건네주었다.

'예수님은 하나님의 모습이요, 그대는 그리스도의 모습입니다.' (2004. 11. 28. 주일)

370. 무시

한 자매가 끈질기게 나를 따라다녔으나 나는 시종 무시해버렸다. 좋다는 기색도, 싫다는 기색도 없이 그저 수수방관했다. 그러자 자매는 결국 나를 떠났다.

그 후 어느 잔칫집에서 뷔페를 열고 나를 초대했다. 혼자 가기가 뭐하여 그 자매와 함께 가려고 했으나 찾을 수 없었다. 전화를 하려고 휴대폰을 보았으나 내 것이 아니었다. 그나마 고장으로 전화할 수도 없었다.

자동차에 가서 휴대폰을 찾아보았으나 거기도 없었다. 네댓 개의 휴대폰이 있었으나 모두 내 것이 아니었다. 쓸 만한 것도 없었다. 포기하고 집으로 돌아가고 있었다. 차가 갑자기 철조망에 올라가더니 가까스로 내려왔다.

그때 뒤에서 중장비 한 대가 바싹 다가왔다. 서둘러 그곳을 떠나려고 액셀을 밟았다. 그런데 자동차가 뒤로 두 번이나 빙글빙글 돌더니 반대쪽으로 돌아섰다. 참으로 이상한 일이 반복되었다. (2004. 11. 29)

여호와께서 일러주셨다. "너희는 가던 길을 멈추고 살펴보라. 옛길이 어딘지, 어디가 가장 좋은 길인지 물어보고, 그 길로 가거라. 그러면 너희 영혼이 평안히 쉴 곳을 찾을 것이다. 그런데 너희는 여전히 그 길로 가지 않겠다고 하였다." (예레미야 6. 16)

371. 화재

아래서 보면 지상이요, 위에서 보면 지하인 어느 비탈지고 넓은 땅에 왕복 레일이 깔려 있었고, 그 위에 작은 전동차가 달리고 있었다. 멀리서 보면 흡사 어린이 장난감 같았다.

그런데 그 전동차의 한 바퀴는 아무 탈 없이 잘 돌았으나 두 바퀴는 탈선하기 일쑤였다. 제자리를 찾을 듯 말 듯 하다가 벗어나기를 반복했다. 그러다가 동력이 떨어져 비틀거리기 시작했다. 급기야 차체가 열을 받아 불이 나고 말았다.

그 모습을 안타까운 마음으로 지켜보다가 불을 끄기 위해 급히 수돗가로 갔다. 다행히 수도꼭지에 긴 호스가 끼워져 있었다. 그런데 수도 바로 옆에서 동력을 제공하던 발전기에 불이 붙어 활활 타오르기 시작했다. 우선 발전기의 화재부터 진압해야 했다.

그리고 호스를 끌고 경사진 위쪽으로 올라가 전동차의 불을 끄려고 했다. 그때 어디서 몰려 왔는지 전동차 옆문으로 사람들이 들어가 화재를 진압하고 있었다. (2004. 11. 30)

하나님, 주님께서 우리를 버리시고, 흩으시고, 우리에게 노하셨으나, 이제는 우리를 회복시켜 주십시오. (시편 60. 1)

372. 험산

버스가 험한 산을 올라가고 있었다. 산기슭에 이르자 을씨년스러운 공동묘지가 나타났다. 한 묘지 옆에서 까치가 먹이를 찾아 이리저리 배회하는 모습이 보였다. 그때 나와 함께 버스를 타고 가던 '순종의 아들'이 말했다.

"약으로 쓰려고 하니, 까치의 깃털을 뽑아올 수 있을까?"

"내가 무슨 수로 산 까치의 깃털을 뽑아올 수 있겠는가?"

그러자 '순종의 아들'이 버스에서 내리더니 까치를 향해 쏜살같이 달려갔다. 깜짝 놀란 까치가 하늘을 향해 날아올랐다. 그때 까치의 몸에서 깃털 몇 개가 떨어졌다. 까치 깃털에 약간의 살점도 붙어 있었다.

깃털을 주워 차에 오른 '순종의 아들'이 고운 종이에 고이 쌌다. 한쪽에는 까치의 깃털을, 다른 쪽에는 까마귀의 깃털을 싸서 양쪽으로 돌돌 말았다.

그리고 다시 버스를 타고 갔다. 길이 좁아지고 험해졌다. 버스 대신 썰매 같은 것으로 바꿔 탔다. 내 앞에 '마지막 규율'이 썰매를 타고 내려갔다. 나는 뒤에서 그의 꽁무니만 바라보고 부지런히 쫓아갔다.

하지만 길이 더욱 험해졌다. 수해를 입어 길이 움푹 파헤쳐진 곳이 있는가 하면, 곳곳에 새 도랑이 생겨났다. 자갈이 수북이 쌓여 아예 썰매를 들고 가기도 했다.

얼마 후 우리는 어느 천막 속으로 들어갔다. 사방이 꽉 막혀 있었다. 그런데 갑자기 '마지막 규율'이 흔적도 없이 사라졌다. 나만 홀로 천막 속에 남았다. 어찌 된 영문인지 몰라 살펴보았더니, 그는 달리는 속도를 이용하여 그 천막을 지나 다소 느슨한 다른 천막에 들어가 있었다.

그래서 나도 그렇게 하려고 뒤로 물러나 보았더니, 한쪽 구석에 개구멍 같은 것이 뚫어져 있어 그곳으로 빠져나갔다. 그렇게 밖으로 나가게 되었으나, '마지막 규율'의 모습은 보이지 않았다.

다시 썰매를 타고 달리기 시작했다. 하지만 갈수록 길이 더 험했다. 급기야 심한 오르막길로 바뀌었다. 썰매를 타고 갈 수가 없어 아예 짊어지고 갔다. 그렇게 얼마쯤 가다가 보니 다소 넓은 강이 보였고, 강변에 휴식처도 있었다.

강가에 '순종의 아들'이 누워서 쉬고 있었다. '마지막 규율'은 몇 사람과 함께 물속에 들어가 목욕하고 있었다. 나도 강가에 썰매를 두고 물속으로 들어갔다. 그제야 다소 여유가 생겼다. (2004. 12. 1)

373. 연민

그리 반갑지 않은 '다섯 규범'이 오랜만에 찾아왔다. 잠시 머물다가 떠나려고 했다. 무슨 말이라도 한마디 해주기를 바랐으나, 끝내 아무 말 없이 그냥 길을 나섰다. 참다못해 밖으로 뛰쳐나가 그의 등 뒤에서 소리쳤다.

"야, 이 매정한 사람아! 빚은 갚고 가야 할 게 아닌가?"

그러자 그가 서둘러 달아나려고 했다. 그때 맞은편에서 '영원 순종'이 내려오다가 그를 가로막았다. 동시에 주변에 있던 '최종 규범'과 '기대 효과' 등이 그를 에워쌌다. '다섯 규범'은 완전히 포위되었다. 더 이상 도망칠 수 없었다. 그를 가운데 세우고 친구들이 빙 둘러 서 있었다.

그때 그가 너무 가련해 보였다. 한없는 연민의 정이 치솟았다. 그도 나와 다름없이 구차하게 살아가는 사람이었기 때문이다. (2004. 12. 4)

374. 짐(1)

무슨 고마운 일이 있어 두 사람을 모시고 식사를 했다. 식사를 마친 후 먼저 일어나 신용카드로 결제했다. 그리고 밖으로 나가 보니 넓은 도로가 있었다. 앞뒤로 과속 방지 턱이 있었으나 걸어서 건너기에는 너무 위험해 보였다.

아니나 다를까 그때 지프차와 스포츠카가 쏜살같이 달려왔다. 자세히 보니 과속 방지 턱이 있기는 했으나 노변에 갓길이 있었다. 거기는 과속 방지 턱이 없었다. 그래서 그걸 알고 운전자가 과속으로 달렸다.

그리고 식당에 들어가 보니, 어떤 자매가 지게꾼에게 짐을 맡기고 있었다. 내가 이미 계산을 해서 짐만 맡기면 됐다. 그런데 생각보다 짐이 많았다. 큰 박스 3개와 작은 박스 1개를 지게 위에 올리자 손이 닿지를 않았다.

가까스로 지게꼬리를 당겨서 묶고 지게꾼이 일어났으나, 위에 올린 짐이 미끄러져 지게꾼 머리 위로 떨어졌다. 그러나 지게꼬리에 묶인 상태로 흘러내려 바닥까지 떨어지지 않았다.

그때 옆에서 잡아주던 자매가 그 짐을 끌어다가 뒤쪽 지게꼬리에 다시 묶어주었다. 그러자 떨어질 염려가 없었다. 그러자 지게꾼이 지게를 지고 계단으로 올라갔다.

짐의 부피는 컸으나 무겁지 않아서 지게꾼의 발걸음이 가벼워 보였다. 그 지게꾼은 얼마 전 유명을 달리한 '영원 제거'라는 사람이었다. (2004. 12. 5. 주일)

375. 고집

어떤 사람이 공동묘지에서 무덤을 조사하고 있었다. 몇 개의 분묘를 살펴보더니 아래쪽으로 내려갔다. 그곳에 다소 넓은 공간을 차지한 봉분이 있었다. 그 묘를 조사하기에 앞서 '순종 여인'을 불러 뭔가 물어보았다.

나는 약간 떨어진 곳에서 그 모습을 지켜보며 조바심을 피웠다. 그녀가 20만 원을 투자하여 20만 원을 벌도록 내가 땅을 소개한 적이 있었는데, 그게 그 묘와 관련이 있었기 때문이다. 나는 그녀가 20만 원의 수익을 포기하기 바랐으나, 그녀는 미련을 버리지 못하고 이런저런 변명으로 일관하고 있었다.

어린이 놀이터에 철제 구조물이 있었다. 놀이를 위한 기구였으나 위험천만한 물건이었다. '순종 여인'이 아이를 데리고 그 구조물 위로 올라갔다. 그때 옆에서 공놀이하던 청년도 그 위로 올라가고 있었다.

그 청년이 '순종 여인'과 아이가 구조물에 올라가는 것을 방해하려고 이리저리 공을 돌리며 귀찮게 했다. 그 모습을 지켜보면서 아슬아슬한 마음을 금할 수가 없었다. 그런데 '순종 여인'이 거의 다 올라가자 청년은 보이지 않았다.

그런데 '순종 여인'이 꼭대기 난간에 아이를 홀로 앉혀놓았다. 너무 불안하여 주의를 주었으나 그녀는 괜찮다고 고집을 부렸다. 그때 아이가 일어나다가 미끄러져 아래로 떨어지고 말았다. 깜짝 놀라 가보니 아이가 피투성이 몸으로 일어나고 있었다. 아이를 안고 급히 병원으로 갔다. (2004. 12. 7)

376. 안정

지난밤 혈압이 상승한 가운데 주님의 긍휼을 사모하며 잠을 청했다. 그때 의미 있는 환상이 보였다. 하지만 너무 졸리고 피곤한 나머지 아침까지 그냥 나가떨어지고 말았다.

그리고 일어나 기억을 더듬어 보았으나 통 생각이 나지를 않았다. 다만 한 가지, 주님의 인도하심에 따라 어느 곳으로 자리를 옮긴 뒤, 어느 정도 안정을 취했던 것으로 보였다. (2004. 12. 8)

377. 고스톱(1)

새벽 3시경 일어나 기도하다가, 5시에 잠시 잠이 들어 꿈을 꾸었다. 평소 즐기지 않던 고스톱을 쳤다. 내가 광을 팔았다. 7장의 쌍피가 들어 다 팔았다.

그러나 광값은 가리였다. 노름판의 가리는 받을 수 없다는 사실을 알고, 나는 광값을 포기하고 자리에서 일어났다. 그래서 고스톱은 한 판도 치지 않았다.

그 옆에 고스톱을 치는 사람들이 한 패 더 있었다. 10명이 들어가는 판에 6명이 앉아 있었다. 그들은 지상에서 버림받아 갱생의 여지가 없는 인간쓰레기로 보였다.

사실 그들은 자기 인생을 거의 포기한 듯했다. 그 어떤 목적의식도 없어 보였다. 그런데 그들로 채워질 판에 아직도 4명이 부족하여 때를 기다리고 있었다.

그리고 얼마 지나서 보니 사람들로 북적거렸다. 고스톱 선수가 12명으로 늘어났다. 그때 또 1명이 그들 사이를 비집고 들어가 13명이 되었다.

13명이 고스톱을 칠 수 있을까 심히 의심스러웠다. 그들을 구경하려고 사람들이 모여들었다. 13명 가운데 유명 인사도 끼어 있었다. 모두가 사회지도층으로 보였다. (2004. 12. 9)

378. 진통제

어제와 같이 새벽 3시에 일어나 기도하다가 환상을 보았다. 오래전에 세상을 떠난 '마지막 소원'이 직장으로 출근하여 사람들을 어리둥절하게 만들었다.

그가 태연하게 웃으며 다가왔다. 악수를 청하는가 싶었으나 목례만 하고 스쳐 지나갔다. 그리고 옆에 있던 '최선의 길'에게 목례하고 사라져버렸다.

그리고 다시 그에 대한 환상이 보여 긴장했다. 하지만 그때 다리가 서리기 시작했다. 잠시도 쉴만한 시간이 주어지지 않았다. 온몸이 뒤틀리는 전율로 환상을 볼 수 없었다. 자리에서 일어나 사전에 준비한 약을 먹으려고 냉장고 문을 열었다.

약봉지에 '저릴 때 1알, 1알, 1알'이라고 써놓은 진통제를 찾아 3번이나 먹고 마지막으로 샤워했다. 죽으면 죽으리라는 각오였다. 그리고 예배를 드리며 말씀을 보았다. 약에 취해 눈앞이 어른거리며 희미했다.

'내가 너희에게 힘줄을 붙이고, 살을 입히고, 살갗을 덮고, 너희 안에 생기를 불어넣을 것이다. 그러면 너희는 살게 될 것이고, 내가 여호와임을 알게 될 것이다.' (에스겔 37. 6)

나는 정말 하루하루 살아가기가 힘들었다. 진통제에 의지하여 고통을 억누르는 삶이 과연 필요한가에 대한 의구심이 일어났다. 그때 마가복음 14장 21절에서, 예수님이 유다를 가리켜 '그는 차라리 태어나지 않았더라면 자기에게 좋았을 것이다.' 라고 하신 예수님의 말씀이 생각났다. (2004. 12. 10)

379. 상갓집

내 차에 어른 5명을 태우고 상갓집을 향해 출발했다. 차도 힘겨워했고, 운전하는 나도 힘들었다. 자리가 좁아 옆으로 비스듬히 앉아 고개를 돌리고 운전했다. 옆에 앉은 자매의 머리카락이 시야를 방해했다.

들판을 지나니 시내가 나왔고, 시내를 지나니 마을이 보였다. 마을에 들어서자 가파른 계단이 앞길을 가로막았다. 반신반의하며 계단으로 차를 몰았더니 의외로 쉽게 올라갔다.

그러자 사람들이 북적대는 시장 골목이 나타났다. 요리조리 사람들을 피해 시장을 벗어나니 좁은 산길이 보였다. 소형차가 겨우 지나다닐 정도의 좁은 길이었다. 그때 아래쪽에서 짐을 싣고 올라오는 포터가 있었다.

찻길이 아닌 계단으로 올라와 일방통행에 들어선 것 같았다. 진퇴양난이었다. 하지만 어쩔 도리가 없었다. 그대로 내려갔다. 그러자 포터가 옆으로 비켜주었다. 그런데 이번에는 큰 화물차가 올라왔다. 내가 옆으로 비켜섰다. 그러자 화물차가 지나갔다.

그리고 어느 초가삼간에 도착했다. 바로 그 상갓집이었다. 누가 세상을 떠났는지 궁금하여 영정을 보았더니 '병든 이익'이었다. 그의 동생과 이미 고인이 된 그의 모친이 문상객을 맞고 있었다.

방에 들어가 보니 어린 사내아이 하나가 누워 있었다. 작은 고추가 불알 위에 축 늘어져 있었고, 치료를 받는 중이었다. 아이 고추가 불알 사이에 붙어 있는 듯했다. 옆에는 술상이 놓여 있어 술을 마시는 사람도 있었고, 한쪽에는 고스톱을 치는 사람도 있었다.

수족관에 물고기 집을 짓고 물을 가득 채운 후 다양한 어족을 넣었더니 수중 공원처럼 보였다. 하지만 집게발을 가진 가재가 작은 고기를 잡아먹지나 않을까 싶어 심히 걱정되었다.

그때 어떤 아이가 내 뒤에 와서 보채기로 다른 아이에게 맡겼더니 그 아이가 활짝 웃었다. (2004. 12. 11)

380. 직무

한 아이를 업고 '영원한 친구'의 집으로 달려가 내려놓았다. 그런데 얼마 후에 보니, 내가 '돌아온 빛'의 등에 업혀 산에서 내려오고 있었다.

그리고 다시 얼마의 시간이 지나서, '장기 군셈'이라는 사람과 양지바른 계단에 앉아 대화를 나누었다. 내가 일할 직무와 연수 계획, 업무 범위 등을 소개받았다. 내 급여에 대해서도 얘기했다. (2004. 12. 12. 주일)

381. 성곽

내 이름 영문자가 그림으로 아름답게 그려져 있었다. 자세히 보니, 그림이 아니라 한문이었다. 목숨 '壽(수)' 자를 조화롭게 써서 영문자를 만들었다. 머리도 '壽' 자로 그려져 있었고, 필기체로 날렵하게 돌아가는 좌측에도 '壽' 자가 2개나 더 있었으며, 꼬리에도 깃털 모양으로 날렵하게 쓰인 '壽' 자가 있었다.

어느 성곽 위에 앉아서 골똘히 생각하고 있었다.

"이 고택을 사서 벚나무를 심은 뒤, '벚나무 집'이라 불리게 만들어 부모님을 모시고 살았으면 좋겠구나."

그리고 주변을 둘러보았더니, 맞은편에 허름한 농가주택이 하나 있었다. 콘크리트로 지은 견고한 지하실이 있었고, 그 위에 묘지 같은 봉분이 있었으며, 봉분 위에 다시 지붕이 있었다.

그러다 보니 묘지에 심어진 잔디는 비를 맞지 못해 거의 말라죽었고, 흙 또한 매우 건조했다. 또 위쪽 길옆에 또 하나의 묘지 같은 것이 있었다. 하지만 묘지는 아니었고, 윗집에서 쌓아놓은 거름더미였다.

그때 갑자기 일기가 사나워 서둘러 길을 나섰다. 동창생들을 만나려고 비탈길을 올라가니, '기쁜 계절'이 성곽 난간에 기대어 섰다가 안절부절못하며 말했다.

"주인이 뭐라고 하든지 두 곳 다 기다려봐야 하지 않겠나?"

그는 성곽 옆집을 세 얻어 사는 사람이었다. 그 옆으로 '서로 선함'과 '바른 방식' 등 여러 동창생들이 삼삼오오 모여들고 있었다. (2004. 12. 13)

382. 황수인

바퀴 달린 쓰레받기를 타고 무엇에 쫓기며 달리고 있었다. 그렇게 가다가 보니, 좌회전 1차선에 차가 많아 직진 2차선을 급히 달려 좌회전했다. 하지만 속도를 너무 낸 나머지 회전할 지점을 훨씬 지나치게 되었다.

그때 좌회전 차선의 차들이 신호에 따라 줄지어 지나가고 있었다. 하지만 급한 나머지 눈치를 봐가며 그사이에 끼어들어 빠져나갔다.

그리고 얼마 후 다리를 지날 때 누군가 나를 불러 세웠다. 돌아보니 '영원한 노래'였다. 그가 나를 찾는 중이라고 했다. 그래서 얽히고설킨 복잡한 계산을 하게 되었다. 결국은 '현자'가 그것을 수용함으로써 모든 상황이 종료되었다.

늦은 오후, 창가에 앉아 하늘을 우러러보다가 잠시 눈을 붙였더니 세 글자가 보였다. '황수인'이었다. 그것이 무엇을 의미하는지 몰라 골몰했다. 그때 누군가에 의해 설명이 뒤따랐다.

"황금 수여가 인가되었다!"

그때 나도 모르게 내 입에서 이 말이 반복해서 튀어나왔다. 환상에서 현실로 돌아와서도 계속 되뇌고 있었다.

"I'm prepared! (나는 준비되었다!) I'm prepared! …"

저녁이 되어 자리에 눕자 엄마 품에 안겨 젖을 먹는 아이가 보였다. 배부르게 실컷 먹은 아이가 잠시 후 변을 보는가 싶더니, 항문이 아닌 입으로 꾸역꾸역 나왔다. 징그럽기 그지없었다. (2004. 12. 14)

383. 노란 싹

내 몸에 노란 싹이 돋아나고 있었다. 다리, 팔, 허리, 배 등 빠끔한 틈 없이 솟아났다. 보기에는 약했으나 강하기가 바늘과 같았다. 어찌 보니 고슴도치 몸에 난 가시 같았다.

눈에 보일 듯 말 듯 미세하게 금방금방 자랐다. 징그럽기도 하고 무섭기도 했다. 그때 내 몸뚱어리가 무슨 고목처럼 보였으며, 금방이라도 새로운 가지와 잎들로 뒤덮일 듯했다.

그렇게 급속히 자라나는 싹의 뿌리로 인해 내 오장육부는 금세 거름더미가 될 듯싶었다. 그 가운데 특히 배꼽에서 나온 싹이 가장 크고 튼실했다. 모든 싹이 배꼽에서 나온 뿌리에서 퍼져나간 듯했다.

돌아보니 전에도 이런 일이 한번 있었다. 배꼽에서 자라난 싹을 잘라버렸더니 다른 싹들이 일시에 사그라졌다. 그래서 이번에도 배꼽의 싹을 제거해야겠다는 생각이 들었다. 아예 뿌리를 통째로 뽑아야 후환이 없을 것 같았다.

그 순간에도 싹이 계속 자라나 엄지손가락만큼 컸다. 너무 많이 자라서 어쩌면 내장이 따라 나올지 모른다는 생각이 들었다. 그래서 조심스럽게 싹을 잡고 당겨보았더니, 마치 물속에 심어놓은 수경 식물이 빠져나오듯 힘들지 않게 술술 올라왔다.

그 끝에 뿌리가 있을 것이라는 생각이 들어 끝까지 당겼더니, 아니나 다를까 모근으로 보이는 수염뿌리 덩어리가 시원스럽게 쑥 빠져나왔다.

그러자 그 자리에 어른 주먹만 한 큰 구멍이 생겼다. 그래서 그 구멍으로 속을 들여다보았더니 내장은 보이지 않고 허공뿐이었다. 위에서 항문으로 이어진 창자조차 보이지 않았다.

그저 그렇게 썰렁한 구멍만 뻥 뚫려 있을 뿐 아무것도 보이지 않았다. 그 구멍 속의 벽은 상하고 찢어진 자국이 많았다. 하지만 그런대로 아물고 있었다. (2004. 12. 16)

384. 정호실

넓고 길게 이어진 재래식 화장실 난간에 서서 소변을 보았다. 그런데 어찌 된 영문인지 개운치가 않았다. 힘을 주었더니 한참 동안 소변이 나왔다. 그때 소변기 안에 늘어진 어떤 자매의 한복 자락이 젖었다. 그러나 자매는 아무 말 없이 옷에 묻은 소변을 닦아냈다.

그리고 화장실에서 나와 보니, 정이 좋아 열매를 맺었다는 '정호실' 자매가, 그 딸과 함께 사위 될 사람의 집에서 보낸 함을 받고 절하고 있었다. 그들을 뒤로하고 건물 위층으로 올라가 보니, 전에 근무하던 내 사무실이 있었다.

상당한 날을 무단으로 결근하고 사무실에 들어섰다. 예전에 근무하던 동료들은 그대로 있었으나 어색하기 그지없었다. 먼저 보좌관에게 가서 목례를 했다. 그리고 처분을 기다릴 수밖에 없었다. 내 죄가 너무 커서 변명할 여지가 없었다.

"어떻게 된 거요? 계속 이렇게 하면 고과 때 반영할 수밖에 없어요."

그때 '윤리 기강' 부서장이 자기 방에서 나오다가 보좌관 앞에 서 있는 나를 보았다. 다소 어색한 표정으로 무엇인가 한마디 하려다가, 이미 보좌관의 질책을 받고 있는 것을 보고 말을 아꼈다.

그래서 나는 그에게 목례만 하고, 그 자리에 그대로 서 있었다. 그러자 그가 비록 말은 하지 않았으나, 이번에도 용서한다는 표시로 고개를 끄덕였다. 그 마음을 알아챈 보좌관도 더 이상 나를 책망하지 않고, 자리로 돌아가라며 고개를 살짝 들었다.

그때 장교 7명이 보좌관 앞에 도열했다. 나는 아무 말 없이 자리로 돌아갔지만, 너무 오래되어 책상의 위치까지 바뀌어 있었다. 이후 나는 나름대로 직장 생활에 충실했다.

그러던 어느 날, 큰 개 한 마리가 다가왔다. 옆에 있던 '강하나 병약한 친구'에게 가야 할 것으로 보였으나, 계속 내게 머물면서 돌아가지 않았다. 마음만 먹으면 한입에 나를 삼킬 것 같았으나 의외로 순진했다.

그래서 그 개 머리를 쓰다듬고 호의를 베풀었더니, 개도 혀를 날름거리며 친근함을 표시했다. 그러다가 그 개가 내 귀에다 대고 속삭였다.

"크리스마스가 다가오니 우리 점심이나 같이해요."

"점심? 좋지, 그런데 어디서 무엇을 먹지?"

"바에서 고기를 사주면 돼요."

개가 사람의 말을 해서 너무 신기했다. 그것도 상냥한 자매의 목소리였다. 어쩌면 그 개가 천사인지 모른다는 생각이 들었다. 그때 개가 탄띠로 자기 허리를 동이고, 다리 사이를 탄탄하게 묶은 뒤 자리에서 일어났다. 그러자 날씬한 몸매를 가진 아가씨처럼 보였다. (2004. 12. 17)

모든 일은 다 때가 있다. 세상에서 일어나는 일마다 알맞은 때가 있다.

(전도서 3. 1)

385. 불알친구

'병든 나라'와 싸움이 공개적으로 예정되어 있었다. 때가 되어 신작로에 나가 보니, 그가 자세를 취하고 길 가운데 서서 버티고 있었다. 그래서 나는 이렇게 소리를 지르며 앞으로 나아갔다.

"자, 이제 칠 테면 마음껏 쳐 보아라!"

나는 그가 치면 무조건 맞아줄 생각이었다. 같이 싸울 생각이 전혀 없었다. 불알친구였기 때문이다. 그런데 그도 막상 나와 마주치자 나를 칠 생각은 없어 보였다. 그래서 그 자리에서 서로 화해했다.

그 후 나는 그 친구가 무슨 자격에 미달되어 그를 돕고 있었다. 그러자 그는 여러 가지로 친절을 베풀어주었다. 그러던 어느 날, 그가 아내를 데리고 나를 찾아왔다.

그때 나는 반지하 사무실에서 일을 마친 뒤 짐을 챙기고 있었다. 그의 아내를 보니 만삭이었다. 금방이라도 출산할 듯했다. 배가 너무 나와 엉덩이는 축 늘어져 있었고, 허리는 S자 모양으로 한껏 휘어 있었다.

그러다 보니 지하에서 지상으로 올라가는 계단이 부담스러웠다. 그 친구들이 그의 아내를 둘러메고 지상으로 나갔다. 부인의 배에 조금이라도 충격이 가해지면 아이가 밀려 나올지 몰랐기 때문이다. 그런데 그들의 사인이 서로 맞지 않았는지, 그 부인을 내려놓다가 거꾸로 세웠다. (2004. 12. 18)

386. 나무와 풀

밤나무 같기도 하고 느티나무 같기도 한, 나무들이 빽빽이 들어찬 야산이 보였다. 그런데 토양이 척박하여 풀 한 포기 보이지 않아 삭막하기 그지없었다. 흙이나 모래가 쏟아지면 나무들이 통째로 밀려 내려갈 듯했다.

그런데 얼마 후에 보니, 막 자라나는 다양한 풀들이 숲을 채우고 있었다. 그 풀들은 너무 빨리 자라서 작은 바람에도 한들거렸다. 매우 연약한 모습이었다. 하지만 그 풀들로 인해 나무들은 안정감을 찾아갔다. (2004. 12. 19. 주일)

387. 출구

나를 포함한 세 사람이 어디 가기로 되어 있었다. 시간이 촉박했다. 급히 아래층으로 내려갔다. 계단이 많아 더욱 지체되었다. 처음에는 내가 맨 앞서 내려갔으나, 나중에 두 사람이 나를 앞질러 갔다. 시간이 없었기 때문이다. 먼저 개표구에 도착한 그들이 나만 남겨두고 출구를 빠져나갔다.

나는 순리대로 계단을 내려가면 도저히 시간을 맞출 수가 없었다. 더욱이 밤눈까지 어두워 어두컴컴한 계단이 잘 보이지도 않았다. 대충 어림짐작하여 내려갔다. 그때 기발한 생각이 떠올랐다.

계단은 개표구까지 이어져 있었고, 나는 다리의 장애로 빨리 내려갈 수 없었다. 그래서 계단 손잡이에 몸을 얹어 미끄럼 타듯이 아래까지 쭉 내려갔다. 그러자 순식간에 개표구 앞에 떨어졌다.

개표구의 검표원을 보니 내가 잘 아는 '바른 방식'이었다. 그가 나를 반갑게 맞아주었다.

"어서 와! 안에 들어가 조금만 기다려!"

너무 쉽게 개표구를 통과한 나는 맨 안쪽에 서 있었다. 그때 한 사람이 서둘러 와서, 개표구 옆에 설치된 컴퓨터에 A4 양식의 서류를 넣은 후 카드를 통과시켰다.

그런데 내 신상에 관한 사항이 양식에 찍히지를 않았다. 그러자 그가 고개를 갸우뚱거리며 이리저리 양식을 살펴보다가 다시 통과시켰다. 하지만 결과는 마찬가지였다.

그 원인을 찾지 못해 또 시간이 지체되었다. 그 옆에서 안타깝게 바라보다가 그 카드를 슬쩍 훔쳐보았다. 카드에 인쇄된 여러 글자 중에서 유독 'HSA'가 눈에 띄었다. 자세히 모르긴 하여도 그게 잘못 인쇄된 게 아닌가 싶었다. 하지만 그 의미를 몰랐기 때문에 말할 수가 없었다.

그리고 아래쪽 중간 빈칸에 '권능'이라는 글씨가, 큰 글자로 돋보이게 찍혀 있어 그것도 특이하게 보였다. 나는 안타까운 심정으로 이렇게 중얼거렀다.

"그런데 내 일은 왜 이렇게 순탄할 때가 없단 말인가?"

그때 이런 감동이 일어나 나를 위안했다.

"그래, 여기에서도 하나님의 섭리가 있을 거야. 이제까지의 경험으로 비춰볼 때, 그게 어려움 같았으나 결과는 하나님의 뜻인 경우가 많았어. 내가 하는 일이 안 된다고 짜증을 내면서 억지로 밀어붙였다가 낭패만 보았어. 끝까지 참고 인내할 때 오히려 선으로 합력했어.

그래, 이런 낭패 속에서도 하나님의 섭리가 있을 수 있어. 하나님의 뜻이 이 일을 가로막을 수 있어. 그러고 보니 이제까지 숱하게 그랬어. 나는 아직 많은 빚이 있고 해결할 과제도 많아. 그래서 아직 때가 아닌지 몰라. 지금 형편이 어렵고 힘들어도 참고 기다리자. 하나님께서 문제를 해결하시고 출구를 열어주실 때까지.

그래, 그러고 보니 이제까지 정말 그랬어. 그렇게 해야 돼. 해야 하고말고." (2004. 12. 22)

388. 멍에

세상에서 상처받고 낙담한 사람들 앞에서, 어떤 분이 상당히 유익한 말씀을 전하고 있었다. 그의 얼굴은 자세히 보지 못했으나, 연세가 지긋해 보이는 흰머리에, 길고 허름한 망토를 걸쳤으며, 지팡이를 짚고 있었다.

작은 나무의자에 앉아 조용하지만 또박또박하고 분명하게 말했다. 사람들은 그 앞에 옹기종기 모여앉아 말씀을 들었다. 그때 내가 나아가서 그의 무릎 앞에 앉았다. 그러자 그가 말했다.

"이런 몸으로 어떻게 여기까지 왔느냐?"

그 말을 듣고 내 모습을 보니, 환자복을 입은 상태로 지팡이를 짚고 있었다. 무슨 상처를 입고 치료받는 중으로 보였다.

내 옆에서 '최고의 용기'가 쟁기를 잡고 있었다. 그런데 정작 소는 보이지 않았다. 나에게 소의 역할을 하라는 듯이 나를 물끄러미 바라보았다. 그래서 나는 아무 생각 없이 그에게 나아가, 멍에를 목에 메고 쟁기를 끌기 시작했다. 다행히 그리 힘들지 않게 밭을 모두 갈아엎었다.

그리고 앞을 보니 대형 전광판이 있었다. '거창'이라는 주식이 처음에는 18,000원에서 등락을 거듭하다가, 12,000원과 13,000원 사이에서 오르락내리락했다. 그때 '인자한 사람'이 전 재산을 털어 그 주식을 사는 모습이 보였다.

그런데 그가 주식을 사자마자 떨어지기 시작하더니, 8,000원 내외에서 박스(box)권을 형성했다. 그런데도 그는 아무 내색 없이 평상시 일과를 수행했다. 그의 대담한 모습에 무척 놀랐다. (2004. 12. 23)

389. 문젯거리

무슨 일인지 분명치는 않았으나 열심히 수행하고 있었다. 그런데 그 일을 마무리할 즈음에 문젯거리가 생겨 마감할 수가 없었다. 별것 아닌 것 같았으나 그 원인을 찾지 못해 애를 태웠다.

상당히 공을 들였으나 문제는 좀처럼 풀릴 기색이 없었고, 해결의 실마리도 보이지 않았다. 하지만 다행스럽게도, 더 이상 심각한 사태로 진전되지 않고 어렵게나마 그대로 유지되었다.

그렇게 지루한 시간이 흘러갔다. 어느 날 갑자기 문제가 심각한 사태로 진전되면서, 상당한 고통과 슬픔이 밀어닥쳤다. 사태가 점점 악화되더니 모든 것이 끝나 죽을 지경에 이르렀다.

그런데 놀랍게도, 그 사태는 처음과 같이 오래 지속되지 않았다. 얼마 후 모든 것이 진정되고 안정을 되찾았다. 그리고 돌아보니, 그 지긋지긋한 문젯거리가 온데간데없이 사라지고, 그토록 애간장을 태우던 일이 확실하게 마무리되어 있었다. (2004. 12. 25. 성탄일)

여호와의 말씀이다. "그날 내가 다리 저는 사람들을 모으고, 추방된 사람들과 내가 환란을 당하게 한 사람들을 모으겠다. 다리 저는 사람들로 남은 사람들이 되게 하고, 쫓겨난 사람들로 강한 민족이 되게 할 것이다. 여호와께서 시온 산에서 이제부터 영원히 그들을 다스릴 것이다." (미가 4. 6-7)

390. 꿈은 여기에

새벽예배에 참석했다. 늘 하던 대로 시편 한 편을 읽은 뒤 목사님의 강해가 있었다. 그리고 잠언 한 장을 읽고 각자 받은 은혜대로 말씀을 나누었다. 아침식사를 하면서 교제는 계속되었다. '우리는 급하나 하나님은 너무 느린 것 같다'는 것이 주제였다.

나는 어딘가 떠날 시간이 촉박했으나 마음대로 할 수 없었던 이야기를 나누었다. 그리고 언젠가 들었던 'dream is now here (꿈은 지금 여기에)'와 'dream is nowhere (꿈은 아무 데도 없다)'에 대한 연상(聯想) 이야기를 소개하자 몇 사람이 은혜를 받았다.

그런데 목사님은 탐탁지 않게 여기며, 평신도가 대교회 목사님처럼 말한다고 언짢아했다. 평소 목사님은 대형교회와 그 지도자들을 못마땅하게 여겼다.

그는 자비량 목회자로서 초대교회의 모양을 갖추려고 노력했으나 어딘가 모르게 조금 부족해 보였다. 혹시 하나님께서 내게도 기회를 주신다면, 초대교회와 더 가까운 공동체를 세우고 싶다는 생각이 들었다. (2004. 12. 30)

내가 너를 반드시 구원하겠다. 너는 칼날에 죽지 않고 살아서 피신하게 될 것이다. 네가 나를 믿었기 때문이다. 나 여호와의 말이다. (예레미야 39. 18)

391. 밀알

연말이라 그런지 새벽예배를 드릴 때부터 우울한 기분이 들었다. 목사님은 온갖 고통을 홀로 안고 너무 오랫동안 살아온 탓이라고 했다. 일찍 점심을 먹고 파주 기도원으로 올라갔다. 개인 기도실에서 목이 터져라 부르짖은 뒤 예배를 드리고 하산했다.

내가 안고 있는 모든 빚과 질병, 연약함, 고통, 슬픔, 괴로움을 주님 앞에다 내려놓겠다고 약속했다. 2005년 새해부터 사랑의 빚만 지고, 한 톨의 밀알이 되겠다고 주님께 다짐했다. (2004. 12. 31)

이스라엘아, 너를 창조하신 여호와께서 말씀하신다. "너는 두려워하지 마라. 내가 너를 구원하였고, 내가 너를 지명하여 불렀으니, 너는 내 것이

다." (이사야 43. 1)

제13편
도피성 예수

392. 새해

2005년 1월 1일 0시, 송구영신 예배에서 처음 뽑은 말씀이다.

'좋은 때는 기뻐하고 어려운 때는 생각하라. 하나님은 좋은 때도 주시고 나쁜 때도 주신다. 그러므로 사람은 제 앞일을 알지 못한다.' (전도서 7. 14)

이어서 2번째 뽑은 말씀이다. 제비뽑기가 남아서 하나씩 더 뽑았다.

'나는 너희 하나님이 되려고 너희를 이집트 땅에서 이끌어낸 여호와다. 내가 거룩하니 너희도 거룩해야 한다.' (레위기 11. 45)

393. 불빛

유럽풍의 오래된 도시가 보였다. 도심지 한쪽 기슭에 허름한 건물이 있었다. 그 건물 2층 방에서 창밖을 내다보고 있었다. 유달리 높거나 큰 건물은 없었다. 대부분이 2층 또는 미니 3층으로 된 낡은 건물만 있었다. 시가지 한편에 우뚝 솟은 예배당의 종탑이 유달리 돋보였다.

만물이 잠든 고요하고 거룩한 밤이었다. 내가 있는 다락방에만 불이 켜져 환히 비치고 있었다. 창밖의 쌀쌀한 기운이 어슴새벽임을 느끼게 했다. 엷은 어둠이 깔려 있었다. 저 멀리서 금방이라도 여명이 다가올 듯했다.

저 멀리 언덕 위의 한 집에서 희미한 불빛이 창밖으로 흘러나왔다. 거룩하신 하나님의 아들이 세상에 다시 오실 듯했다. 모든 것이 차분하고 엄숙했다. 그때 다락방에 있던 형제들이 복음을 전하기 위해 밖으로 나가려고 했다. 한 형제가 내게 말했다.

"형제여! 그대는 여기 남아 있는 것이 어떠하겠느뇨?"

세상에서 입은 상처가 아직 아물지 않아 당분간 쉬라는 뜻으로 여겨졌다. 잠시 후 형제들이 모두 다락방을 나갔다. 나만 홀로 남았다. 맞은편 집에서 새어 나오는 희미한 불빛을 하염없이 바라보았다. 정말 모든 것이 고요하고 평화로웠다. 거룩한 기운이 온 도시를 감돌고 있었다.

어쩌면 세상 만물이 하나님의 아들, 예수 그리스도의 재림을 기다리는 것 같았다. 모든 것이 엄숙하고 거룩했다. 금방이라도 하늘의 종소리가 울려 퍼질 듯했다. 천사의 아름다운 노랫소리도 들릴 듯했다.

그때 나는 오랫동안 고민하고 갈등하던 일에 대해 최종 결단을 하게 되었다. 언젠가 '돌아온 빛'이 나의 새 출발을 위해 7만 달러를 헌금하는 것이 어떠냐고 제의한 적이 있었다. 하지만 그것이 과연 주님의 뜻에 합당한지 몰라 망설이고 있었다.

이 세상에 속한 모든 일, 특히 물질에 대해 마음을 비운 나는 생각을 굳혔다. 그래서 즉시 20만 달러를 송금하고 다락방을 나왔다. 어려운 일을 결단하고 실행에 옮겼더니 마음이 한결 가벼웠다. 기도하고 싶은 마음이 간절하여 성경책을 끼고 예배당을 향해 걸어갔다. (2005. 1. 2. 주일)

내 원수야, 내가 당하는 고난을 보고 미리 흐뭇해하지 마라. 나는 넘어져도 다시 일어난다. 지금은 어둠 속에 있지만, 주께서 나의 빛이 되실 것이다. (미가 7. 8)

394. 울타리

상당한 권세를 가진 분을 안내하고 있었다. 이런저런 이야기를 나누며 목적지를 향해 걸어갔다. 얼마 후 삼거리가 나왔다. 그분은 넓고 곧은 신작로를 두고 좁고 꾸불꾸불한 길로 우회하여 가자고 했다. 그래서 좁은 길로 들어섰다. 그분이 물었다.

"그의 이력서를 받아볼 수 있겠느냐?"

그는 일찍이 최고 권세자의 직무를 대행한 적이 있고, 많은 사람의 존경을 받고 있었다. 그래서 한편으로 보면 접촉하기 어려운 사람이었다. 하지만 고상한 인품의 소유자로서, 내가 찾아가 정중히 부탁하면 거절하지 않을 것으로 생각했다.

"제가 가서 찾아뵙고 부탁해보겠습니다."

그리고 보니 내가 안내하는 분은 2번째 권세자로 보였고, 이력서의 주인공은 3번째 권세자로 보였다. 무슨 일로 2번째 분이 3번째 분을 찾는 듯했다. 그리고 길을 따라 쭉 내려가자 넓은 목장이 나왔다. 그분이 말했다.

"예전에 있던 황금 울타리는 왜 보이지 않느냐?"

그러자 거기 있던 목동이 대뜸 대답했다.

"황금 울타리는 모두 잘려나갔습니다. 하지만 보십시오. 황금 울타리 그루터기를 주추로 삼아 더욱 튼튼한 울타리가 세워지고 있습니다."

그리고 새벽기도를 드리기 위해 예배당을 향해 걸어갔다. 엘리베이터를 타자 투자한 상가에 대한 서글픔이 또 나를 짓눌렀다.

"빚을 갚으려고 그토록 힘쓰고 애썼건만, 제주도 주택에 이어서 또다시 이렇게 큰 손해를 보다니, 정말 슬프고 애통합니다."

그러자 금방 눈물이 핑 돌았다. 무거운 발걸음으로 예배당에 들어가 성경을 펼쳤더니, 예레미야 32장 27절 말씀이 보였다.

'나는 여호와요, 온 인류의 하나님이다. 내가 못할 일이 어디 있겠느냐?'

(2005. 1. 4)

395. 화해

'맑은 기운'이 '어진 그림자'를 데리고 왔다. '어진 그림자'가 즉석에서 눈물로 호소하는 편지를 써서 내게 건네주었다. 자신의 잘못을 크게 반성한다는 내용이었다. 그래서 그 자매에 대한 부담을 모두 떨쳐버릴 수 있었다.

사실 내가 다니는 교회에 숙식을 함께하는 3명의 사람이 있었다. 리더는 '돌고 도는 자'라는 60세가량의 형제였고, '맑은 기운'은 30대 중반, '어진 그림자'는 30대 초반의 자매였다. 이들은 예배가 없는 날이면 밤마다 모여 기도하고 성경을 읽었다. 리더는 얼마 전에 이혼하여 상심이 컸으나 하루하루 치유되고 있었다.

그들은 창세기 30장을 통해 은혜를 받았다. 하나님께서 아롱지고 점 있는 양과 염소를 야곱에게 주신 이야기였다. 얼마 전 그들이 호수공원을 거닐며 그 이야기를 나누었다. 그런데 바로 그 말씀을 다시 읽게 되어 큰 은혜가 된다고 했다. 그때 내가 고춧가루를 뿌림으로써 그들의 마음을 상하게 했다.

"하나님이 약속의 씨로서 야곱을 축복하신 것은 사실이나, 야곱은 그 이름에 걸맞게 속이는 사람이었습니다. 그가 아롱지고 점 있는 양과 염소를 많이 얻은 이면에는, 인간적 방법이 개입되었는바 경계할 필요가 있습니다. 적어도 혈기가 왕성할 때의 야곱은 사기꾼이었습니다."

그러자 '어진 그림자'가 들고 일어났다. 그 자매는 벌써 수차례에 걸쳐 노골적으로 내가 하는 말을 못마땅하게 여겼다. 아울러 나도 자매에게 질 새라 적극 대응했다. 하지만 나이가 많은 내가 참을 수밖에 없었다.

"나도 예전에 저 자매와 같이 혈기를 부렸지. 성경을 공부하다가 보면 언젠가 내 말을 이해하겠지."

그런데 이번에는 달랐다. 끝내 참지 못하고 한마디 하고 말았다.

"자매는 성경공부도 좋지만, 남의 말을 좀 더 자세히 듣고 이해하려는 노력이 필요할 듯합니다."

"그 말을 들으니 더욱 그러네요."

그때 휴대폰이 울렸다. 성령님이 말리시는 것으로 여겨졌다. 그래서 이렇게 말하고 자리에서 일어났다.

"그래요, 내가 괜히 쓸데없는 말을 해서 …. 내가 잘못한 것 같으니 이해하세요."

그리고 집으로 돌아와 잠자리에 들었으나 영 마음이 편치를 않았다. 상대방의 눈높이에서 이해하지 못한 내 잘못이 더욱 컸다. 하나님께 용서를 구했다. 그러자 주님께서 꿈을 통해 화해시켜 주셨다. (2005. 1. 5)

예수님이 곁에서 그 말을 들으시고 회당장에게 말씀하셨다. "두려워하지 말고 믿기만 하십시오." (마가복음 5. 36)

396. 물기

새벽 3시에 깨어나 잠을 이루지 못했다. 기도하기 시작했더니 6시까지 이어졌다. 잠시 잠깐으로 여겨졌다. 기도를 마치고 다리를 쭉 펴면서 비스듬히 누웠더니 환상이 보였다.

놋으로 만든 투박한 화로가 눈앞에 나타났다. 화로 안에 진흙과 퇴비가 섞인 축축하고 꺼무스름한 물질이 담겨 있었다. 분위기가 썰렁했다.

그런데 얼마 후에 보니, 그 표면에 작은 구멍 2개가 생겼다. 그 속에서 이글거리는 불꽃이 구멍을 만들어 표면까지 태우고 있었다. 불꽃이 너무 강렬하여 금방 모든 것을 태울 듯했다.

그리고 눈앞에 절벽이 보였다. 뒤로 돌아보아도 절벽이요, 옆으로 비켜보아도 절벽이요, 위를 쳐다보아도 절벽이었다. 사방이 온통 절벽이었다. 끝이 어딘가 쭉 훑어보았으나 찾을 수가 없었다. 절벽으로 둘러싸인 곳에 내가 갇혀 있었다.

바로 앞 절벽에 물기가 촉촉이 배어 있었다. 메마른 암벽에 물기가 있어 의아했다. 그 물기는 생명의 근원이었다. 그나마 천만다행이라는 생각이 들었다. 물기는 위에서 아래로 내려온 듯했다. 그 물기로 인해 작은 생명들이 숨을 쉬었다. (2005. 1. 6)

397. 통근차

통근차를 타고 출근했다. 썰렁하기 그지없었다. 예전과 달리 통근차를 타는 사람도 없었다. 내가 차를 잘못 타지 않았나 의심이 들 정도였다.

그러다가 마지막 승차장에서 한 청년이 탔다. 왜 이렇게 통근차를 타는 사람이 없느냐고 물어보았다. 차가 너무 많이 돌아가서 그런 것 같다고 했다. (2005. 1. 8)

398. 비행기 나라

내가 탄 통근버스가 가파른 비탈길을 오르고 있었다. 버스가 뒤로 슬금슬금 미끄러지기 시작했다. 조금 미끄러지다가 다시 올라가면 그대로 있고, 급히 미끄러지면 즉각 뛰어내릴 생각이었다.

그런데 부질없는 생각이었다. 버스가 잠시 후진하여 뒤에서 쫓아오는 사람을 태우고 다시 올라갔다. 그리고 얼마 후 목적지에 도착했다. 어두컴컴한 바탕에 '어두운 나라'라는 간판이 보였다. 기분이 영 좋지를 않았다.

승용차를 타고 어느 산길을 올라갔다. 찻길 옆으로 아낙네들이 산나물을 비롯해 토산품을 팔고 있었다. 자동차가 지나가기 어려웠다. 물건을 좀 치워달라고 하였더니 뭣이라 불평을 늘어놓았다.

우여곡절 끝에 그곳을 벗어났으나 이번에는 길이 좁았다. 그래서 스노보드 같은 것에 모터가 달린 기구를 타고 달렸다. 그러다가 모터가 달린 신발을 신고 좁은 길을 요리조리 빠져나갔다. 그러자 거기 밝고 환한 바탕에 '비행기 나라'라는 간판이 있었다. (2005. 1. 12)

399. 열린 예배

'큰 우물' 목사님이 물러난 후 젊은 전도사 2명이 공동 목회자가 되었다고 하면서 인사했다. 그리고 얼마 뒤 교단에서 파송한 '충성 시절' 목사님이 와서 설교했다.

이후 교회는 보다 자유로운 분위기에서 열린 예배를 드렸다. 강단 옆에 의자가 있었지만 다소 공간이 있어 청년들이 요란하게 몸을 흔들며 춤을 추었다. 사람들은 서거나 앉거나, 들어오거나 나가거나, 예배에 큰 지장이 없는 한, 모든 것이 자유로웠다.

'올바른 사랑' 사모님은 철저하게 십일조를 드리고 기도에 전념했다. 나도 그 사모님과 함께 기도했다. 하지만 나는 물질적으로 어려움이 많아 십일 조를 제대로 드리지 못했다.

얼마 후 '힘의 계절' 회장이 교회를 방문했다. 나는 일찍부터 그를 알고 있었던바 복도에 나가 그를 영접했고, 그는 반갑게 손을 내밀어 악수를 청했다.

그때 어린이 재롱잔치에 이어서 연극을 했다. 교회에 들어온 회장 일행이 뒤쪽에 서서 구경을 하여 의자를 갖다 주었다. 그러자 회장이 의자에 앉았다. 그는 양다리가 모두 의족이었다.

그리고 나를 보니 어처구니가 없었다. 소매 없는 조끼에다 반바지를 입고 있었다. 다림질이 안 되어 쭈글쭈글하여 볼품이 없었고, 의족까지 밖으로 드러나 있었다. 하지만 예전처럼 그렇게 심한 부끄러움은 없었다. (2005. 1. 13)

400. 논쟁

새벽예배를 드리고 조찬 모임에 참석했다. 왠지 분위기가 썰렁했다. 모두 나를 이상하게 보는 눈치였다. 나와 눈이 마주치는 것을 피했다.

건물 일부를 목사님 가정이 사업장으로 사용했던바, 일부 교인들은 낮에도 모여 성경 공부를 했다. 근간에는 서너 명이 거의 매일 모인다고 들었다. 자세히 모르긴 하여도 그때 나에 대한 이야기를 나눈 듯했다.

목사님은 가르치기를 좋아하여 예전에 다니던 교회에서 청년부장을 했으며, 그때 담임 목사로부터 가르치기를 자제하라는 주의를 받고, 아예 신학을 공부한 뒤 목사가 되었다고 들었다.

그래서 목사님은 주일예배도 강해요, 찬양예배와 삼일예배도 강해였다. 아예 성경 공부 내지는 교리 공부만 했다. 그것도 주로 구약성경이었다. 그래서 나는 기독교에서 예수님의 가르침이 없어 분위기가 딱딱하다고 말한 적이 있었다.

아침 식사 후 나이 많은 형제가 내 신앙이 편협하다고 하면서 바로잡기를 충고했다. 이어서 목사님이 노골적으로 말했다.

"여기서 가르치는 교리는, 16세기 신학자 150여 명이 모여 5년이 넘게 심사숙고하여 만든 개혁신학의 가르침이다. 이 교리를 따르지 않는 사람은 이단으로서, 이 교회에 들어오지 말아야 한다. 초대교회도 마찬가지였지만, 지금도 교회가 금방 오염되기 때문이다."

"저는 목사님이 가르치는 교리가 잘못되었다고 말한 적이 없습니다. 다만 무슨 교리나 교리는 교리일 뿐이며, 성경을 100% 대변할 수는 없다고 했습니다."

"그렇다면 교리를 다시 써야겠지."

"그리스도인은 무엇보다도 먼저 예수 그리스도를 중심에 모시고 살아야 한다는 것이, 왜 잘못된 말인지 모르겠습니다."

"삼위일체 하나님이 중요하지, 왜 예수님이 중심이 되어야 한다는 말이오? 그게 바로 초대교회를 오염시킨 영지주의란 말이오."

"그렇다면 예수님의 말씀 중에서, '아버지는 나보다 크다'라는 말씀이나, '나와 아버지는 하나다'라는 말씀을 삼위일체 하나님 속에서 어떻게 설명하겠습니까? 이는 개미가 코끼리를 설명하려는 것과 같다고 봅니다. 그래서 제 말은, 교리도 중요하지만, 예수님의 말씀을 잘 모르면 모르는 대로 믿고 받아들이는 자세가 바람직하다는 것입니다. 제가 알기로 세상에 완벽한 교리는 없습니다."

"큰 진리를 위해서 작은 진리는 묻혀야 하는 법이오. 그래야 이단이 없어지지. 그렇지 않으면 여호와의 증인처럼 되는 것이오. 각자가 나름대로 자기 교리를 만들어내면 교회가 어떻게 되겠소?"

"예, 그렇긴 합니다. 제가 더 기도하겠습니다."

그리고 자리에서 일어났다. 얼마 전에 나와 말다툼을 한 자매가 복도까지 따라 나왔다. 내가 더 이상 교회에 나오지 않을 것이라는 사실을 알고, 뭔가 아쉽다는 듯 허리를 굽혀 정중하게 인사했다. 그때 나는 인간적으로 목사님만이 아니라, 그 자매에도 미안한 마음이 들었다.

그 후 얼마의 시간이 지나 목사님이 오해가 있었다고 하면서 몇 차례 만나기를 원했으나, 나는 더 이상 그 상가 교회에 나가지 않았다. (2005. 1. 21)

401. 조언

인근의 상가 교회를 다니다가 그만두고, 여자 친구의 조언에 따라 '거룩한 빛' 교회에 나가 예배를 드렸다. 뭔가 상당히 자유로운 분위기였다. (2005. 1. 23. 주일)

402. 새벽

35년 전 사고로 수차례 죽었다가 살아난 날이다. 피를 너무 많이 흘린

탓도 있지만, 불완전한 수술로 지금도 그 후유증이 심각하다.

그 후에도 숱하게 죽을 고비를 넘겼으나 지금까지 용하게 살아왔다. 이제 나도 지천명이 되었다. 그동안 무엇 하나 제대로 한 것 없이 하루하루를 모질게 살아왔다. 자세히 모르긴 하여도, 욥과 같이 내 목숨만은 빼앗지 말라는 하나님의 지시가 계셨는지 모르겠다.

새벽에 한 줄의 문장이 허공에 매달려 있는 것을 보았다. 생전 처음 보는 글이었다. 마치 상형문자와 특수문자, 여러 기호가 조합된 것처럼 보였다. 도저히 이해할 수가 없었다.

그래서 그 모습 그대로 기억하고자 나름대로 자세히 또 유심히 보았다. 환상에서 벗어나 현실로 돌아올 때 기록에 남기기 위해서였다. 순간 문장이 스스로 풀리면서 해석되기 시작했다.

'새벽에 하나님이 채우리로다.'

'내가 주님을 의지하니, 아침마다 주님의 변함없는 사랑의 말씀을 듣게 해 주십시오. 내 영혼이 주님께 의지하니, 내가 가야 할 길을 알려주십시오.' (시편 143. 8)

이후 40일간의 새벽기도를 서너 차례 이어가며 내 인생이 통째로 바뀌기 시작했다. (2005. 1. 24)

403. 심방

'거룩한 빛' 교회에서 '큰 성공' 전도사가 심방을 왔다. 54, 55, 56년생으로 구성된 남선교회 회장과 친교부장이 함께 왔다. 내가 독신이라는 사정을 알고 남자만 왔다고 했다.

뒤늦게 신학을 시작한 전도사는 47세로 나보다는 3살 아래였다. 성령으로 충만하여 간절히 기도했다. 그리고 자신이 실의에 빠졌을 때 용기를 얻은 간증을 하면서, 이사야 41장 9절과 10절 말씀으로 나를 격려했다.

"내가 너를 땅끝에서 이끌어내고 세상에서 가장 먼 곳에서 불러내었다. 그리고 내가 너에게 말했다. '너는 내 종이다. 내가 너를 선택하고 버리지 않았다.' 그러니 두려워하지 마라. 내가 너와 함께 있다. 걱정하지 마라. 나는 네 하나님이다. 내가 너를 강하게 하고 도와주겠다. 내 의로운 오른손으로 너를 붙들어주겠다." (2005. 1. 29)

404. 방아깨비

지친 연두색 방아깨비가 험산 준령을 넘어가고 있었다. 너무 힘이 들었는지, 조금 가다가 뒤로 벌렁 자빠져 일어나지 못했다. 죽었는가 싶어 가까이 가서 보았더니, 사력을 다해 일어나 다시 길을 가기 시작했다.

그리고 얼마쯤 지나서 보니, 연한 갈색 방아깨비가 연두색 방아깨비 등에 올라타고 있었다. 서로 사랑을 나누는 듯했다. 그 모습이 마치 십자가를 세우는 것처럼 보였다.

그런데 잠시 후 다시 보니, 연한 갈색 방아깨비는 보이지 않고 연두색 방아깨비만 홀로 있었다. 아직 다 자라지 않은 날개의 중간쯤에 멍이 들어 있었다. 양 날개가 모두 그랬다. 날아보려고 애썼으나 그럴 수 없었다. 날개가 언제 회복될지, 영원히 불구가 될지 몰라 안타까웠다.

그리고 나는 작은 동산에 올라가 있었다. 눈앞에 망망대해가 보였다. 그 동산 아래쪽에 지하도 같이 생긴 터널 서너 개가 있었다. 그 속으로 바닷

물이 급하게 빨려 들어갔다.

그 물이 어디로 나가는지 사방을 둘러보았더니, 뒤쪽에도 역시 넘실거리는 파도가 있었다. 내가 서 있는 곳이 섬으로 보였다. 그런데 그 물줄기가 뒤쪽으로 빠져나가는지, 아니면 다른 어느 곳으로 흘러가는지 육안으로 분간되지 않았다. (2005. 2. 5)

405. 잔돈

어느 강에서 낚시를 했으나 신통치 않았다. 옆 사람에게 낚싯대를 맡긴 뒤 택시를 타고 본가에 갔다. 어머니가 나와서 반갑게 맞아주었다.

택시 요금이 1,100원 나왔다. 100원짜리 동전 9개를 주었더니 2개가 모자랐다. 500원짜리 동전을 주고 100원짜리 동전 3개를 되돌려 받았다.

방으로 들어가 벽에 비스듬히 기대 누워 예배를 드렸다. 그때 한 자매가 아무 말 없이 여러 가지 일을 잘 감당하여 여러 사람의 칭찬을 받았다. (2005. 2. 6. 주일)

406. 참모총장

해군 참모총장이 사사로운 문제로 조사를 받기 위해 어느 곳에 들어갔다. 별 4개를 단 세단 승용차가 도착하자 늘어선 헌병들이 '받들어 총'으로 예의를 표했다. 하지만 그는 차에서 내리기를 주저하며 말했다.

"내가 이런 문제로 육군에서 조사를 받아야 하나?"

얼마 후 그는 조사를 받다가 자리를 박차고 나왔다. 사복 입은 육군 중사가 그를 가로막았다. 총장이 뭐라고 짜증을 내면서 중사를 뿌리쳤다.

그때 오른쪽 어깨의 별 하나가 떨어졌다. 그러자 왼쪽 어깨에는 별 4개가, 오른쪽 어깨에는 별 3개가 달려 어색하기 그지없었다. 그리고 밖으로 나와 승용차를 타려다가 생각이 바뀐 듯 아래쪽에 있는 어느 민가로 들어갔다.

새벽기도를 마치고 돌아와 아침을 먹었다. 의자에 앉아 잠시 눈을 붙였더니 비몽사몽 중에 다시 환상이 보였다.

어느 강에서 낚시를 했으나 고기가 영 잡히지를 않았다. 철수하려고 준비할 때 찌가 심하게 흔들렸다. 낚싯대를 들어 올리자 월척으로 보이는 큰 고기와 중간치 고기가 동시에 달려 나왔다.

그리고 얼마 후 명절이 되어 고향으로 내려갔다. 명절이 끝나고 다시 서울로 돌아왔다. 그때 60대 초반으로 보이는 아줌마가 집에서 나오더니, 푹 달여 먹을 큰 고기 한 마리만 달라고 했다. 하지만 나는 집에 고기가 없을 것으로 생각하여 말했다.

"강에 가서 잡아서라도 갖다 드리겠습니다." (2005. 2. 7)

407. 서원

설을 맞아 부모님이 살고 있는 시골에 내려갔다. 하룻밤을 자고 올라왔으나 전날 마신 술 때문에 컨디션이 좋지 않았다. 주초커피 서원을 깨뜨린 것을 크게 후회했다. 이후 술을 입에 댄 기억이 없다. 생각만 해도 술이 역겨워졌다.

분당과 우이동을 거쳐 일산에 돌아오니 밤 9시가 넘었다. 생각의 아들이 다소 살이 찐 것 같아 걱정스러웠다. 중국에 있는 꿀벌이 전화해서 안심되었다. (2005. 2. 9)

어떤 사람이 여호와께 무엇을 하겠다고 서원했거나, 어떤 일을 하지 않겠다고 맹세하여 서약했으면, 그는 자기가 한 말을 어기지 말고 반드시 지켜야 한다. (민수기 30. 2)

408. 그리스도

마음을 가다듬고 다시 일을 시작하려고 엘리베이터를 탔더니, 그 안에 '마지막 규범'이 있었다. 나는 올라가려고 탔으나 엘리베이터는 내려갔다.

맨 아래층에 식당이 있었다. 엘리베이터가 식당에 잠시 머물렀다가 다시 올라갔다. 그때 윗도리를 입지 않고 탄 사실을 알게 되었다.

그래서 '마지막 규범'에게 잠시만 기다려달라고 했더니, 그가 오래 걸리면 안 된다고 했다. 나는 금방이면 된다고 했다. 그리고 서둘러 돌아가 웃옷을 입고, 다시 와서 엘리베이터를 탔다.

사무실에 올라가 보니 내 자리가 창구에 있었다. 오랜만에 다시 일을 시작하자 만감이 교차했다. 용기와 희망이 솟구쳤다. 모든 것이 새삼스러웠다. 우선 내 주변부터 정리하기 시작했다.

비망록을 펼쳐보니 언젠가 대납하고 받지 못한 미수금이 있었다. 기억을 더듬으며 리스트를 작성한 뒤 그들을 찾아갔다. 5명 가운데 자리를 비운 2명에게는 받지 못했으나 2명에게는 받았다. 그리고 1명은 스스로 찾아와

주었다.

그리고 자리에 돌아와 보니, 다른 사람이 내 자리에 앉아 일하고 있었다. 그의 책상은 별도로 없었다. 내가 자리를 비운 사이, 내 자리에 앉아 내 일을 했던 것이다.

나는 내 책상 하나를 2명이 함께 사용한다는 사실을 알고 약간 비켜 앉았다. 다리 사이에 우측 서랍을 끼우고, 오른쪽 다리는 내 책상과 옆 사람의 책상 사이에 넣어, 내 책상 왼쪽의 절반을 그에게 양보했다.

그때 책상 위에 무슨 등본이 대여섯 통 있었다. 내가 신청한 적이 없어 잘못 온 게 아닌가 싶었다. 나중에 내 옆에서 일하는 그가 신청했다는 사실을 알았다.

그 등본을 보니, 소유권을 이전한 일자가 특이했다. 그냥 'longtime ago(오래 전)'로 되어 있었다. 그리고 소유자의 이름도 특이했다. '그리스도시다', '그리스도시오', '그리스도시야요' 등으로 온통 '그리스도'였다. 그때 이 말씀이 생각났다.

'내가 네게 기름을 부어 이스라엘의 왕으로 세웠다.' (열왕기하 9. 3)

초저녁에 자리에 누웠다가 다시 꿈을 꾸었다. 부동산 중개사들과 땅을 답사했다. 여기저기 넓은 벌판을 헤매고 다녔다. 그러다가 땅을 주고 임대차 가게를 얻었다. 하지만 허허벌판에 화장실 하나만 달랑 있는 볼품없는 점포였다.

그것도 2개를 동시에 잡았다. 그 가게 사이에 다른 가게가 끼어 있어 2개를 붙여 사용할 수도 없었다. 그래서 이런저런 궁리를 하던 차, '가벼운 진리'라는 사람이 일러주었다.

"소장님, 다른 찍새가 하나 있는데, 가게 3개를 몽땅 주고 1,000만 원을 받으면 어떨까요?"

"그렇게라도 해보세요."

그러나 이후 아무 소식이 없었다. 나는 가게를 바라보며 어떻게 해야 할지 궁리했으나 뾰족한 방법이 없었다. 그때 가게 위쪽 공간에 낯익은 성경 구절이 보였다. 마태복음 17장 8절이었다.

'제자들이 눈을 들어 보니, 예수님 외에는 아무도 보이지 않았다.'
(2005. 2. 10)

409. 의자

"오, 주여! 저를 용서하소서. 제 사정을 굽어보시고 제 마음을 살펴주소서. 제게 자비를 베풀어주소서. 주님이 친히 일하셨습니다. 의자도 없이 그냥 서서 하셨습니다. 잠시도 쉬지 않으셨습니다. 당연히 제가 해야 할 일을 주님이 하셨습니다. 아무 말씀도 없이 그저 그렇게 열심히 하셨습니다.

그때 저는 주님을 보고 약간 비켜 앉았을 뿐입니다. 앉으실 의자가 없다는 사실을 알고도, 제 의자를 양보할 생각을 하지 못했습니다. 인정머리가 없었습니다. 저는 무지하고 무례했습니다. 감사할 줄도 몰랐고, 고마움을 표현할 줄도 몰랐습니다. 오, 주여! 저를 용서하소서." (2005. 2. 12)

주님은 말씀하신다. "가련한 사람이 짓밟히고 가난한 사람이 부르짖으니, 이제 내가 일어나 그들이 갈망하는 구원을 베풀겠다." (시편 12. 5)

410. 설거지

어떤 사람과 등나무 아래 놓인 평상에 앉아 밥을 먹었다. 한 자매가 설거지를 했다. 설거지하는 자매 옆에 '큰 쇠'라는 부자 청년이 있었다. 그가 그녀를 사랑했다. 하지만 그는 유부남이었다. 서로의 필요에 따라 사랑은 했으나 결혼할 수는 없었다.

나도 역시 그 자매를 좋아했다. 그들의 관계를 익히 알고 있었는바 크게 괘념치 않았다. 식사를 마친 나는 두 팔을 벌리고 외쳤다.

"아, 정말 잘 먹었다! 밥을 두 그릇이나 먹었다!"

그러자 그녀가 와서 빈 그릇을 치웠다. 그때 내가 말했다.

"아니야! 설거지는 내가 해야겠어!"

그리고 빈 그릇을 챙겨 싱크대로 갔다. 그런데 여태껏 무엇을 했는지, 개수대 안에 빈 그릇과 빨래들이 너저분했다. 실망스러웠다. 그래도 내색하지 않았다. 처음 손에 잡힌 것이 어린애 잠바였다. 비누칠을 해서 빨기 시작했다.

빨래와 설거지 그릇이 장난이 아니었다. 다소 부담을 느낀 나는 도와줄 사람이 없는가 하여 주변을 둘러보았다. 그런데 나와 함께 식사한 사람이 이미 내 옆에서 설거지를 하고 있었다. 그래서 부담을 덜었다. (2005. 2. 15)

411. 티켓

우리 조상이 내 아들을 발가벗긴 채 매질하여 마음이 몹시 아팠다. 그때 매제가 엄청난 양의 석탄을 우리 집 아궁이 속에 묻고 불을 지폈다. 위험천만한 일이 아닐 수 없었다. 한사코 말렸으나 괜찮다고 하면서 기어이 불을 붙였다.

석탄에 불이 붙자 엄청난 굉음을 발하며 구들장 속에서 폭발하기 시작했다. 그러자 흙을 덮어씌운 거푸집에 구멍이 생겼다. 구멍 속에서 이글거리며 빠져나오는 시뻘건 불꽃이 독사의 혀처럼 날름거렸다. 급기야 우리 집 초가삼간이 화마에 휩싸였다.

그런데 그때까지 어머니가 방 안에 있었다. 다급한 나머지 문짝을 부수며 소리를 질렀다. 가까스로 어머니가 나왔다. 그러자 기나리기라도 했다는 듯이, 화마가 집을 통째로 삼켜버렸다. 집은 흔적도 없이 사라지고 말았다. 그 후 나는 모든 것을 뒤로하고, 어머니와 아들을 데리고 길을 떠났다.

40일 새벽기도 3일째를 맞아 은혜를 받았다. 마음껏 부르짖고 돌아와 아침을 먹었다. 의자에 앉자마자 피곤하여 눈을 감았다. 그 즉시 또 꿈을 꾸었다.

'어진 순종'이 티켓을 사라고 하면서 몇 장을 건네주었다. 돈을 가지러 가면서 장수를 세어보니 4장이었다. 장수가 많다 싶어 2장만 사고 2장은 돌려줄까 망설였다.

그런데 티켓을 보니 9월 2일, 9월 4일, 9월 5일 등으로 날짜와 장소가 다 달랐다. 티켓 값은 1매에 2,000원이었으나 할인되었다. (2005. 2. 16)

412. 태풍

내 책상 위에 4절지 크기의 위성사진이 놓여 있었다. 자세히 보니 태풍의 핵이었다. 고양이 눈처럼 생긴 것이 돌돌 말려 돌아가고 있었다.

태풍의 핵은 인천 앞바다로 보이는 곳에 하나 있었고, 그보다 먼 바다에 하나가 더 있었다. 범상치 않아 주목했더니, 핵만 돌아가는 것이 아니라 주변의 물까지 함께 돌아갔다.

인천 앞바다의 핵은 안쪽에서 바깥쪽으로 원을 그리며 돌아갔고, 먼 바다의 핵은 바깥쪽에서 안쪽으로 원을 그리며 돌아갔다.

그러다가 점점 물결이 높아지더니 파고가 산더미같이 높아졌다. 바람도 세차게 휘몰아쳤다. 급기야 두 핵이 하나로 겹쳐졌다. 그 위력은 천하에 견줄 것이 없어 보였다. 이 세상에 있는 모든 것을 이리 돌리고 저리 돌리며 휩쓸어갈 듯했다.

그때 나는 두려움에 휩싸여 기절하고 말았다. 얼마의 시간이 지났는지 일어나 보니, 그렇게 휘몰아치던 풍랑은 온데간데없이 사라지고 없었다. 주변이 아주 평온했다.

책상 위의 위성사진을 다시 보았다. 주변의 상황이 너무 많이 변해 딴 사진처럼 보였다. 전혀 새로운 세상이 되었음을 알 수 있었다. 처음의 두 태풍은 그 흔적조차 보이지 않았다. (2005. 2. 17)

예수님이 여인에게 말씀하셨다. "자매여, 그대의 믿음이 참으로 장합니다. 그대의 소원대로 되었습니다." 그러자 바로 그 순간에 여인의 딸이 나았다. (마태복음 15. 28)

413. 몸살감기

목감기에 몸살까지 겹쳐 애를 먹었다. 오들오들 춥고 기침이 나며, 속이 메슥메슥하여 토할 것 같았다. 힘들게 밤을 새우고 새벽예배를 드리러 갔으나, 기침 때문에 목도 아프고 어지럼증도 심했다.

비몽사몽 중에 기도하다가 돌아왔다. 몸살감기가 정말 대단했다. 며칠 전 태풍의 핵이 엄청난 위력을 발하며 세상을 휘저어 놓는 것을 보았더니, 그 시작이 몸살감기란 말인가? 그렇다면 또 하나의 태풍은 무엇일까? 혹시 빚이 아닐까?

목감기의 목도 동그랗고 빚의 돈도 동그라니, 자세히 몰라도 아마 그럴 수 있겠구나 싶었다. 하지만 전혀 아닐 수도 있을 것이다. 아무튼 이제부터 그 엄청난 위력의 소용돌이가 시작되었다면, 내 어찌 감당할 수 있겠는가?

그래, 얼마 전에 보았듯이 주님이 나를 위해 일하고 계시지 않은가? 자리에 앉지도 않고 그냥 서서 일하셨지 않은가? 오직 주님만이 나의 구원이요, 길인 것을!

"오, 주여! 주님이 저와 함께하신다는 사실을 확실히 믿게 하시고, 그 믿음이 다시는 흔들리지 않게 하소서. 이제 시작입니다. 40일 새벽기도 6일째를 맞아 다가온 시험의 폭풍을 벗어나게 하소서. 아멘."

이제까지의 경험으로 비춰볼 때 내 생각은 악하기 일쑤였다. 하지만 주님의 뜻은 모든 것이 합력하여 선을 이루었다. 나는 그 사실을 익히 알고 있다. 할렐루야! (2005. 2. 19)

414. 용기의 병

이틀 전에 시작된 몸살감기가 극에 달하고 있다. 그동안 밤잠을 제대로 못 잤다. 심한 기침과 목 아픔, 콧물과 코 막힘, 한기가 너무 힘들게 했다. 오늘은 엎친 데 덮친다고, 다리까지 저리는 증세가 나타났다.

간밤에 보니 '용기'가 죽을병이 들어 자리에 누워 있었다. 그때 어머니가 와서 말했다.

"'용기'의 병이 심상치 않으니 죽을지도 모르겠구나. 그러니 이제라도 문병을 다녀오도록 해라. 죽은 뒤에 문상하는 것보다 낫지 않으냐? 그리고 그가 '왜, 이제 왔느냐?'고 묻거든, 이 어미의 핑계를 대도록 해라."

어제저녁 예배에 나가지 못했다. 일어날 힘도 없고 걸을 기력도 없었다. 저녁 6시에 자리에 누워 밤을 꼬박 새웠다. 새벽 4시에 알람이 울렸다.

한껏 늘어진 몸을 겨우 일으켜 세우고 교회에 나갔다. 작심하고 시작한 40일 새벽기도 기간이었기 때문이다. 더욱이 간밤의 꿈에서 어머니가 하신 말씀 때문에 누워 있을 수가 없었다.

오늘 아침 다시 병원을 찾았다. 주사도 맞고 약도 받아 왔지만, 다리 저림이 극에 달했다. 정말 진절머리가 났다. 나도 모르게 더러운 욕설이 입에서 튀어나왔다. 이게 아니다 싶어 마음을 가다듬고 다시 소리를 질렀다.

"나사렛 예수 그리스도 이름으로 명한다! 몸살감기를 안겨준 더러운 귀신아, 지금 당장 물러가라! 다리 저림을 가져온 약한 귀신아, 일곱 길로 물러가라!"

이렇듯 사도들의 흉내를 내면서 발버둥을 쳤다. 윗도리 하나를 갈기갈기 찢어 쓰레기통에 던졌다. 청바지는 벗어 세탁기에 집어넣고, 새 의족을 벗고 옛 의족을 착용했다. 기분을 전환하려고 발악했다. '죽으면 죽으리라!'

하고 감기약 한 봉지와 저릴 때 먹는 약을 3알이나 더 먹었다.

그러자 잠시 후 그렇게 소용돌이치던 통증이 가라앉고 평화가 찾아왔다. 그제야 겨우 살 것 같았다. 하지만 약 기운에 취해 자리에 쓰러지고 말았다. (2005. 2. 21)

415. 용한 돌

과장이 나오자 '용한 돌'이 말했다.

"제 자리를 저쪽으로 옮겼으면 하는데요?"

"그렇게 하지."

너무 쉽게 승낙을 받은 그는 기쁜 마음으로 짐을 옮기기 시작했다. 그리고 말했다.

"이제까지 더부살이하느라고 상당히 불편했어."

짐을 싸고 있는 그를 보니, 이제까지 내 책상 우편에 앉아 내 책상 절반을 사용했다. 그러니 서랍도 우측만 사용했다. 책상 하나에 의자만 2개 놓고 좌측에는 내가, 우측에는 그가 앉아 일했다.

다행히 책상이 양측이어서 좁게나마 한 칸씩 쓸 수 있었다. 그때 비로소 내 책상에 두 사람이 앉아 일했다는 사실도 알았다. 그래서 내가 말했다.

"당연히 그랬을 거요! 이 좁은 자리에 금고까지 두고 일했으니 말이오."

금고는 그가 앉은 바로 뒤에 있었다. 금고 때문에 자리가 더욱 비좁았기 때문이다.

그때 내 왼쪽 옆자리에 새로 부임한 사람이 있었다. 그가 와서 인사하여 보니 '큰 그릇'이었다. 그는 언젠가 내가 벗었을 때, 옷을 사다 준 고마운 친

구였다. 매우 반가웠다. (2005. 2. 23)

416. 천만다행

본가에서 무슨 행사가 있어 내려갔더니, 내 형제와 자매들이 모두 모여 있었다. 이것저것 챙기다가 화장실에 들어가 보니, 주변이 너무 지저분해 안타까운 마음이 들었다.

그때 내 뒤에서 강력한 물줄기가 나오더니, 주변을 깨끗이 씻기 시작했다. 오랫동안 붙어 있던 변기 속의 오물까지 말끔히 씻겼다. 그리고 위생박스 위에 있던 내 잠옷이 바닥에 늘어져 있기로 걷어 올렸다. 옆에서 그 모습을 지켜보던 가족들이 말했다.

"다행이야, 다행! 정말 천만다행이야!" (2005. 2. 24)

417. 망종 죄인

"주여, 이 모습 이대로 저를 받아주소서. 장애가 있습니다. 병이 들었습니다. 빚을 졌습니다. 얽히고설킨 많은 문젯거리를 안고 있습니다. 어리석고 둔하기 짝이 없습니다. 속고 또 속고, 좌절하고 낙담하기를 밥 먹듯 했습니다. 하나님과 맺은 약속도 까맣게 잊고 지키지 못했습니다. 거짓 맹세도 숱하게 했습니다. 죽어도 뵐 면목이 없습니다. 아무짝에도 쓸모없는 인간쓰레기입니다. 주님의 영광은커녕 조롱거리가 될까 심히 두렵습니다.

하지만 주님, 저를 이대로 받아주소서. 주께서 외면하시면 더 이상 피할 곳이 없습니다. 이 망종 죄인을 용서해주소서. 긍휼히 여겨주소서. 이 모습 이대로 저를 받아주소서. 예수님의 이름으로 간절히 빕니다. 아멘."

(2005. 2. 25)

"인자야, 너는 이 담을 헐라" 하시기로, 내가 그 담을 헐었더니 문 하나가 보였다. (에스겔 8. 8)

418. 오소리

동서남북 사방팔방에서 동시다발적으로 산불이 일어났다. 때가 되었는가 싶어 산으로 올라갔다. 아나나 다를까 오소리 새끼 한 마리가 산불을 피해 내려오고 있었다. 손에 막대기를 들고 오소리가 내려오는 길목을 지켰다. 다른 사람은 만일의 사태에 대비해 주변을 지키고 있었다.

그런데 불길을 피해 내려오던 오소리 새끼가 우리를 발견하고, 그 자리에 멈춰 서더니 깊은 생각에 잠겼다.

"아, 뒤에는 나를 통구이로 만들려는 화마가 다가오고, 앞에는 나를 불고기로 만들려는 인간들이 지키고 있구나. 이거야말로 진퇴양난이구나. 그렇다고 옆으로 도망칠 수도 없구나. 수백 길이나 되는 낭떠러지가 있으니 말이다. 정말 사면초가로구나. 뒤로 물러서 통구이가 되느냐, 앞으로 나아가 불고기가 되느냐, 아니면 스스로 낭떠러지에 떨어져 죽느냐, 이제 삼자택일을 할 때가 된 것 같구나."

그리고 오소리 새끼가 아래쪽으로 내려왔다. 막대기로 모가지를 눌러 잡으려고 했더니 뒤로 주춤주춤 물러났다. 그 오소리 새끼를 보니, 언젠가 큰 사고를 당한 듯 뒷다리를 쓰지 못하는 불구였다. 그래서 쉽게 오소리를 잡았다.

내가 막대기로 오소리 모가지를 누르자 옆에 있던 사람들이 달려들어 사로잡았다. 오소리 새끼는 모든 것을 포기한 듯, 반발하지 않고 순순히 잡혀주었다.

그런데 그 오소리 새끼의 얼굴을 보니, 내 아들 같기도 하고, 나 자신 같기도 했다. 너무너무 측은한 마음이 들었다. 어떻게 하든지 목숨만은 해치지 않으리라 다짐했다.

잠시 후 사람들이 모여 식사를 했다. 오소리 새끼도 우리와 함께 앉아 밥을 먹었다. 그때 앞쪽에 앉아 식사하던 한 자매의 국에 실오라기 같은 벌레가 지나가는 모습이 보였다.

그러자 옆에 앉은 사람이 젓가락으로 집어 바구니에 담았다. 그러자 순식간에 큰 지네로 변했다. 그때 어떤 사람이 우리의 생명에 위협이 되니 당장 죽이라고 소리쳤다. 그러자 한 사람이 가위로 지네의 목을 잘랐다. 머리와 몸통이 분리되어 바구니에 떨어졌다.

"오, 아버지 하나님이시여! 이 못난 죄인을 이 자리에서 죽여주소서. 아니면 빚을 갚아주소서. 단 하루를 살아도, 아버지의 아들답게, 그리스도인으로 살도록 해주소서. 이 모습 이대로 더 이상 살고 싶지 않습니다. 제 마음 잘 아시지요, 제 사정 잘 아시지요, 아버지 하나님의 긍휼만이 제가 살길입니다. 부디 불쌍히 여겨주소서. 아멘."

"오, 아버지 하나님이시여! 이 못난 죄인을 용서하소서. 오래 참으라고 하셨으나 그러지 못했습니다. 빚을 지고 살아온 25년간의 세월이 너무 길다고 생각했습니다. 이미 지칠 대로 지쳤다고 생각했습니다. 기다릴 만큼 기다렸다고 생각하며 생떼를 부렸습니다. 인내하지 못한 이 죄인을 용서해

주소서. 아멘." (2005. 2. 26)

그러므로 이제 내가 그를 꾀어 빈들로 데려가겠다. 거기서 내가 그를 다정한 말로 달래주겠다. 그런 다음에, 내가 거기서 포도원을 그에게 되돌려주고, 아골 평원이 희망의 문이 되게 하면, 그는 젊을 때처럼, 이집트 땅에서 올라올 때처럼, 거기서 나를 기쁘게 대할 것이다. (호세아 2. 14-15)

419. 지천명

평소처럼 새벽 4시에 일어나 외쳤다.

"할렐루야! 하나님 아버지, 오늘도 이렇듯 좋은 날 주시니 감사합니다!"

그리고 오피스텔 커튼을 활짝 걷어 젖혔다. 함박눈이 펑펑 내리고 있었다. 내 49회 생일, 지천명을 축하하는 듯했다. 상쾌한 기분으로 새벽예배를 드리러 나갔다.

간밤에 보니 나는 여전히 부족했다. 너무 부끄러워 주님의 낯을 피하려고 했다. 하지만 주님은 예전같이 노하지 않으셨다. 이미 모든 것을 용서하신 듯 질책하지 않으셨다.

다만 나를 안타깝게 여기시며, 사랑의 꿀밤을 주시려고 했다. 자비하신 마음과 긍휼하심이 한없어 보였다. 결코 나를 정죄하거나 심판할 생각은 없어 보였다.

"오, 아버지 하나님이시여, 이제부터 제 후반부 인생이 시작되었습니다. 전반부 인생은 나를 위해 살다가 전적으로 실패했습니다. 하지만 후반부 인생은 오직 주님을 위해 살도록 하겠습니다. 아멘." (2005. 3. 2)

420. 삼불 삭제

내 인생 전반부에는 '삼불(三不)'이 나를 지배했으나, 이제 후반부로 접어들면서 그 '불' 3개를 삭제했다. 나에 대한 불만, 이웃에 대한 불평, 하나님에 대한 불신이었다.

그리고 주초커피 금하고, 무 유골, 무 유품, 무 유산을 실천한다. 그동안 숱한 실패와 좌절을 맛보았으나, 이제 주님의 긍휼로 승리할 것이다. (2005. 3. 3)

421. 잔반

잔칫집에 조금 늦게 도착했더니 음식이 동나고 없었다. 모든 사람이 실컷 먹었으나 나만 먹지 못했다.

"찌꺼기라도 좋으니 국물 좀 주시오."

그러자 어떤 사람이 솥단지를 거꾸로 들어 마지막 남은 국물을 그릇에 부어주었다. 그렇게 국물을 받고 보니 밥이 없었다. 여기저기 살펴보니 사람들이 먹고 남은 밥이 양푼에 조금 있었다. '얼씨구나!' 하고 달달 긁어 국에 말아보니 국물이 부족하여 빡빡했다.

그리고 이리저리 둘러보니, 바로 옆 상에 누가 먹고 남은 국물이 조금 있었다. 그것을 부었더니 훌륭한 국밥이 되었다. 비록 마지막 남은 잔반이었으나 허기를 거뜬히 면할 수 있었다. 하나님께 감사드렸다. (2005. 3. 4)

422. 빛의 노예

"오, 주여! 언제까지 저를 이대로 내버려두실 작정입니까? 빛의 노예로 살아온 지 어언 25년, 저를 주님의 노예로 바꿔주십시오. 빚을 갚아주시면 제 목숨을 바치겠습니다. 제 인생을 통째로 드리겠습니다. 이 고난에서 저를 구원해주십시오. 오직 주님만이 저의 희망입니다. 제가 평안히 돌아갈 마지막 길입니다." (2005. 3. 5)

423. 특별한 목적

'V7'이라는 특별한 목적이 있었다. 그것을 이루기 위해 차를 타고 달렸다. 도로가 잘 포장되어 기분도 좋았고, 모든 것이 순조로웠다.

그러나 조금 가다가 보니 2차선 도로가 1차선으로 바뀌었다. 길이 꾸불꾸불하더니 농로로 바뀌었다. 자동차 바퀴가 겨우 지나갈 정도였다. 게다가 길옆으로 수백 길 낭떠러지가 있어 위험천만했다.

그럼에도 조급한 나머지 속도를 줄일 수 없었다. 급커브를 돌 때는 정말 아찔아찔했다. 그러다가 어느 곳에 이르러 보니, 자동차 바퀴가 지나갈 수 없을 정도로 더욱 길이 좁았다. 여전히 왼편에는 끝없는 낭떠러지가 있었다.

그렇다고 속도를 더 줄이거나 멈춰 설 여유가 없었다. 오른쪽 법면으로 차를 바짝 붙여 몰았다. 자동차가 법면에 닿아 찍찍 긁히는 소리가 들렸다.

처음에는 낭떠러지 아래로 떨어질지 모른다는 두려움이 있었으나, 나중에는 지나갈 수 있다는 믿음이 생겼다. 위험을 무릅쓰고 달렸더니, 일사천리로 그 험한 길을 통과했다.

얼마 후 언덕 위에 예배당이 보였다. 통나무로 지은 아름다운 건물이었다. 예배를 드리면서 헌금을 했다. 현금 10만 원과 수표 30만 원을 봉헌했다.

그런데 집계는 10만 원으로 나타났다. 그래서 헌금 봉투를 보았더니, 현금만 뽑아 집계하고 10만 원짜리 수표 3장은 그대로 있었다. 봉투에 찰싹 달라붙어 회계하는 사람이 보지 못했던 것이다.

그리고 다시 'V7' 목적을 향해 여행을 계속했다. 'V1'은 접수, 변경, 결정의 단계였다. 'V1'의 단계를 거쳐 'V2'와 'V3'의 목적을 완수하고, 이어서 'V4', 'V5', 'V6'의 목적을 달성하니, 드디어 'V7'의 마지막 단계가 눈앞에 보였다. 모든 일이 은혜롭게 진척되어 머지않아 승리의 개가를 부를 것 같았다. (2005. 3. 6)

424. 복조리와 소쿠리

푸른 초원에서 아버지와 함께 일했다. 아버지는 출입구 쪽에서, 나는 안쪽에서 일했다. 그 초원에 아이들 7명이 뛰놀고 있었다. 그런데 아버지가 일하는 앞쪽 숲에서 한 아이가 감쪽같이 사라졌다. 이어서 또 한 아이가 들어가더니 나오지 않았다.

"아버지, 아이들이 아버지 앞에서 없어졌어요!"

아버지가 아이들이 사라진 숲 속을 한참 내려다보다가 별일 없다는 듯이 다시 일했다. 그때 '찬양'이라는 아이가 다가왔다. 내가 말했다.

"얘야, 아이들이 없어진 저곳에 가서 살펴보고, 무엇이든지 흔적이 있거
든 내게 가져오너라."

그러자 '찬양'이 숲으로 들어갔다. 그리고 복조리 2개를 들고 나왔다.

"그 아이들이 이렇게 복조리로 변해버렸어요. 여기요!"

그리고 복조리 2개를 건네주었다. 그걸 받아 살펴보니 물샐틈없이 탄탄
하게 만들어지고, 아름답게 장식된 복조리였다. 그리고 돌아보니 초장에
서 뛰놀던 아이들이 모두 소쿠리로 변해 있었다.

소쿠리 중에는 가는 싸리로 세미하게 만들어진 것도 있고, 굵은 대나무
로 튼튼하게 만들어진 것도 있었다. (2005. 3. 9)

425. 회충

비가 추적추적 내리더니 날씨가 쌀쌀해졌다. 제주도 주택에 이어서 애물
단지로 변한 상가와 점포로 인해 또 고민에 휩싸였다. 심신이 피곤하고 나
른하여 자리에 누웠다가 꿈을 꾸었다.

빠져나갈 길이 없는 어느 막다른 골목길에 번쩍거리는 스포츠카가 나타
났다. 어떤 사람이 운전하다가 인정사정없이 벽에 부딪히더니 산산조각이
났다.

그리고 그는 고급 오토바이를 타고 달렸다. 잠시 후에 보니 오토바이마
저 공중분해 하고 말았다. 그래서 그는 수상스키를 타고 강물을 가르며 신
나게 달렸다. 그가 나 자신인지 다른 사람인지는 분명치 않았다.

길이가 수 미터나 되는 회충 4마리가 2마리씩 짝을 지어 밀 까부르듯이
나를 공격하고 있었다. 회충들이 너무 유연하여 아무리 치고 때려도 충격

을 받지 않았다. 더 이상 어쩔 방도가 없었다.

그때 불현듯 떠오른 무기가 있었다. 성령의 검이었다. 성령의 검만 있으면 물리칠 수 있다는 믿음이 생겼다. 그때 보이지 않는 성령의 검이 나타나 그 회충들을 난도질했다. 회충들이 한치 회처럼 실낱같이 잘려서 한쪽 구석에 수북이 쌓였다. (2005. 3. 10)

426. 기와집

어느 집 조그만 방에 있다가 무슨 일로 꽃바구니를 주문하게 되었다. 꽃집 아저씨가 샘플을 가지고 왔다. 2개는 활짝 핀 튤립이 꽂혀 있었고, 다른 하나는 아직 피어나지 않은 몽우리가 꽂혀 있었다. 꽃망울이 꽂힌 것으로 주문했더니 꽃집 아저씨도 잘 골랐다고 했다.

그리고 밖으로 나가 보니, 남향판에다 뒤로는 아름다운 동산이 있는, 고래 등 같은 기와집이 바로 옆에 있었다. 낡은 처마와 지붕이 수리되고 있었으며, 벽의 칠도 새로 하고 있었다. 당초에는 황토색의 연붉은 벽이었으나, 하얀 페인트칠을 하여 한결 밝아 보였다.

그 집에 우리가 입주할 예정이었다. 너무 오래되어 수리하여 들어가려고 모두가 분주했다. 집을 한 바퀴 돌아보니, 중간 방에는 어떤 자매가 살고 있어 세를 준 듯이 보였으며, 사랑방에는 손님이 와 있었다.

뒤뜰로 나가는 문과 앞마당에서 들어오는 문을 다 열었더니 모든 방이 훤히 보였다. 통풍도 좋고 시원했다. 뒤뜰을 둘러보니 뒷산으로 올라가는 등산로가 있었다. 어설프지만 그런대로 올라가기 쉽게 만든 계단도 있었다. 계곡 안쪽에 조그만 채전도 있었다. 하지만 맞은편에 작은 분묘가 있어 옥에 티처럼 느껴졌다.

그리고 등산로가 시작되는 지점에 작은 소로가 있었다. 한 젊은이가 낡은 소형차를 몰고 뒤뜰을 지나가는 모습이 보였다. 등산객을 위하여 울타리에 사립문도 만들어놓았다. 그곳이 유일한 통행로 같았고, 아주 요긴하게 보였다. (2005. 3. 11)

427. 선입관

새벽녘에 한 말씀이 있어 조용히 들어보았다.

"복절나무에 거하라!"

다시 들어봐도 같은 말씀이었다.

"'복이 끊어질 나무'라는 뜻인가?"

기분이 대개 언짢았다. 그런데 어딘가 모르게 이상했다. 그래서 마음을 비우고 다시 조용히 들어보았다.

"복 줄 나무에 거하라!" (2005. 3. 13)

그때 부정적 선입관이 얼마나 위험한 것인지 새삼 느꼈다. 자기 입맛대로 생각한다는 '라쇼몽(Rashomon) 현상'도 떠올랐다.

내가 그들과 내 산 사방에 복을 내려주겠다. 내가 때를 따라 비를 내릴 것이니, 복된 소나기가 내릴 것이다. (에스겔 34. 26)

428. 기도와 응답

겉보기에 보잘것없는 자그마한 야외무대에서 두 사람이 춤을 추며 기도하고 있었다. 하나는 '참 좋은 교회'였고, 다른 하나는 '도와주는 사람'이었다. 그들은 씩씩한 청년이었다. 그 옆에서도 여러 사람이 춤추며 기도했다. 각자 간절한 기도를 드리며 자기도 모르게 춤을 추었다.

그들은 모두 한 교회 성도들로 보였다. 한 사람이 무슨 소원을 제시하면, 그것이 응답될 때까지 모두 합심해서 기도했다. 그 기도제목이 무엇이든지 응답될 때까지 부르짖었다. 더러는 기도하는 성도들 간에 감동되어 스스로 해결되는 것도 있었다.

잠시 후 내가 올린 소원으로 합심 기도가 시작되었다. 내 소원으로 '23'이라는 숫자가 제시되었다. 그게 구체적으로 무엇을 의미하는지 나도 몰랐으나, 상당히 난감한 문제로 보였다.

처음에는 내 빚을 의미하는 게 아닌가 싶었으나, 빚과 '23'이라는 숫자를 맞출 수가 없었다. 무대에서 기도를 인도하던 두 사람도 심각한 사안임을 인식한 듯, 사력을 다해 춤을 추며 기도했다.

그리고 얼마 후에 보니, '23'에서 '15'가 감해진 '8'이 남아 있었다. 그래서 잠시 쉬었다가 다시 간절하게 기도했더니, 남은 '8'까지 모두 사라지고 깨끗하게 되었다. 그 숫자가 없어지자 나는 홀가분한 마음으로 그곳을 나왔다. 그때 보니 꽤 높은 건물 안에서 둥근 원을 그리며 내려오고 있었다.

그때 팥인지 콩인지 분명치는 않았으나, 그걸 한 꼬투리씩 따서 깍지를 벗겨 그릇에 담으며 내려갔다. 그러다가 창문 아래쪽을 내려다보았더니 까마득했다. 현기증을 일으켜 아래로 떨어지고 말았다.

그런데 사과 궤짝 같은 것을 여러 개 안고 떨어져 다치거나 충격을 받지 않았다. 그때 아버지가 다가와 다친 데가 없느냐고 물었다.

나는 책망을 받을까 싶어 조마조마했지만, 전혀 나무랄 생각이 없어 보였다. 아버지는 오히려 건물의 구조가 잘못되었다고 하면서 자신의 책임이 크다고 했다.

아버지의 뜻을 확인한 뒤 안심하고 발길을 돌렸다. 그때 뒤에서 소리가 들려왔다.

"엎질러진 씨앗은 모두 주워 담아야 한다."

오후 서너 시가 되었을 때, 이런저런 걱정으로 다시 가슴이 두근거렸다. 온갖 부정적인 생각이 일어나 거듭 다짐했다.

"불평불만과 불순종은 사탄이 가져다주는 불신이 아니냐? 2005년 3월 2일, 지천명을 맞아 내 사전에서 그 이름을 모두 지워버렸지 않느냐? 이제 더 이상 안 된다. 나를 망치려고 저주하는 사탄의 종이 되어서는 결코 안 된다. 슬픔과 고통, 괴로움이 더 이상 나를 지배하게 해서는 안 된다. 목숨을 걸고라도 그 음흉한 사탄의 흉계를 막아야 한다."

그러면서 창가에 앉아 먼 하늘을 바라보았다. 심신이 피곤하여 초저녁에 이불을 깔고 누웠다. 그 순간 환상이 보이기 시작했다.

메마른 벌판에 비가 내리기 시작했다. 빗줄기가 굵어지면서 낮은 지대에 빗물이 고였다. 튀어 오르는 빗방울로 보아 세찬 소낙비가 쏟아지고 있음이 분명했다.

그때 다른 곳에도 비가 오는가 싶어 주변을 살펴보니 역시 비가 내리고 있었다. 하지만 주변이 풀 한 포기 없이 황량했다. 큰 홍수가 나는 게 아닌가 싶었으나 잠시 후 비가 그쳤다.

"아무리 메마르고 거친 땅이라도, 이제는 움이 돋고 싹이 나와 초원으로 바뀌겠지."

하지만 결과는 그렇지 않았다. 메마르고 거친 들판은 금방 물기를 빨아들여 언제 비가 왔느냐는 식이었다. 군데군데 축축한 습기만 남아 있었다. 너무 오랫동안 건조한 탓으로 메마른 대지가 모든 빗물을 빨아들였다.

하지만 잠시나마 엄청난 비가 쏟아져 어느 정도 갈증은 해소된 듯했다. 어쩌면 곧 싹이 나고 풀이 돋아날 듯했다. 하지만 여전히 황량하고 참담하기는 마찬가지였다.

"아버지 하나님이시여, 비록 지금 당장은 움이 돋고 순이 나와 푸른 숲을 이루지 못해도, 목마르고 갈급한 대지에 단비를 내려주시니 감사합니다."

(2005. 3. 17)

429. 구원 버스

여러 사람이 구원의 땅을 향해 여행을 하려고 운동장에 모여 있었다. 내가 타야 할 버스의 창문에 1225라는 숫자가 붙어 있었다.

그 버스의 인도자는 30대 자매였다. 하지만 안타깝게도 오른팔 전체가 의수였다. 그 자매가 몇 가지 주의사항을 설명하고 있을 때, 몇 사람이 버스를 타지 않고 이탈했다. 나도 그들 가운데 포함되어 있었다.

그러자 즉시 사람들이 이탈자를 찾으러 나섰다. 나는 그들을 피해 어느 작고 고불고불한 산길을 내려가고 있었다. 그때 내 앞에 그리 크지 않은 도랑이 있었다. 물이 둑을 넘치고 있어 건널 수가 없었다. 그래서 다시 언덕길을 오르려고 보니 길옆에 담배 건조실이 있었다. 그곳으로 들어갔다. 거기 먼저 온 사람들이 있었다.

나는 더 이상 도망갈 곳이 없다는 판단이 들어 들마루 위에 있는 이불을 끌어다 덮고 자는 척했다. 의족을 풀어 절단된 다리를 밖으로 드러내 놓았다. 그때 이탈자를 찾는 사람들이 당도했다. 내 옆에 있던 사람이 내가 누워 있는 들마루 밑으로 황급히 숨어들었다.

하지만 찾아온 사람들은 이미 다 알고 있었다. 들어오자마자 들마루 밑에 숨어 있는 그 사람을 찾아 끌고 나갔다. 그러나 내게는 손대지 않았다. 그러자 옆에서 나를 지켜보던 한 자매가 소리쳤다.

"저 사람을 그대로 두고 가실 바에는 차라리 죽이세요."

그 말이 떨어지자 한 사람이 달려들어 나를 칼로 찌르려고 했다. 나는 모르는 척하고 딴소리를 하며 자리에서 일어났다. 그러자 그는 겸연쩍어하면서 칼을 거두었다.

그때 나는 이제까지 보지 못한 당당한 모습을 보았다. 숱한 죽음의 문턱에서 살아난 불사조처럼 강하게 보였다. 여유작작하게 그곳을 빠져나와 홀로 길을 걷기 시작했다. 그렇게 좁은 길을 따라 한참 가다가 보니, 어느 한적한 들판에 이르렀다.

그런데 놀랍게도, 그곳에 1225호 버스가 미리 도착해 나를 기다리고 있었다. 차를 온 사람들은 한가히 쉬고 있었다. 더욱이 팔 없는 인도자 자매가 기다리고 있다가 나를 반갑게 맞아주었다. 그리고 보니 구원의 버스를 타고 수월하게 여행할 수 있었던 것을, 내 스스로 좁고 힘든 길을 자초하여 걸어왔다.

그동안 온갖 어려움과 죽을 고비를 넘기면서, 할 수만 있으면 피해 보려고 애썼으나, 결국은 그 버스로 돌아왔던 것이다. 내 목적지는 더 이상 선택의 여지가 없었다. 지칠 대로 지친 몸으로 구원의 버스에 올랐다.

그러자 인도자 자매가 5라는 숫자 10개, 곧 합이 50이 되는 숫자 10개를 보여주면서, 9개와 1개를 구분하여 91(구원)의 숫자를 제시했다.

그리고 의수의 불편한 손으로 9번째 숫자 5를 만지작거리자, 덩치는 그리 크지 않았으나 강하게 생긴 까만 돼지 한 마리가 나왔다. 또 첫 숫자 5를 만지작거리자, 돼지 목걸이가 나와 돼지 목에 채워졌다.

그런데 그 목걸이는 강철로 가시처럼 만들어진 것이었다. 누구든지 그 돼지를 잡으려고 하면 그 목걸이가 강력한 무기가 되어 상대방을 상하게 할 것으로 보였다. 그러자 아무도 그 돼지를 잡으려고 나서는 사람이 없었다.

그때 내가 앞으로 나갔다. 왼손으로 돼지의 아래턱을, 오른손으로 돼지의 위턱을 잡고 힘껏 벌렸다. 그러자 돼지가 내 손을 깨물었다. 하지만 사력을 다해 주둥이를 벌리고 우측으로 비틀었더니, 돼지가 뒤로 벌렁 나자빠졌다.

아무리 날카로운 쇠목걸이도 내게는 무용지물이었다. 전혀 힘을 발휘할 수가 없었다. 그래서 나는 당당하게 돼지를 물리치고 승리했다. (2005. 3. 19)

430. 인도자

어느 집 툇마루에 걸터앉아 있었다. 때가 되어 식사를 받아보니 뻥튀기 과자 한 그릇이었다.

"이것으로 한 끼를 때우란 말인가?"

하면서 바라보고 있었더니, 한 노인이 다가와 말했다.

"원한다면 맛있는 음식을 주겠소."

그래서 노인을 따라 방에 들어갔더니, 영양가 풍부하고 먹음직한 음식들이 천정에 조롱조롱 매달려 있었다. 그중에서 몇 개만 먹었으면 하는 생각에 그릇을 받쳤더니, 노인이 의자에 올라가 음식을 떨어뜨려 주었다. 그릇이 넘칠 것 같아 이제 그만 되었다고 했다.

하지만 노인은 계속해서 음식을 따주었고, 나는 그 밑에서 수북이 받았다. 그렇게 음식을 받은 후 그릇을 보았더니, 받은 음식이 하나도 보이지 않았다.

어찌 된 일인지 살펴보니, 받은 음식이 뻥튀기 사이로 들어가 보이지 않았던 것이다. 비록 눈에는 보이지 않았으나, 맛있는 음식을 먹을 수 있다는 생각에 노인에게 감사를 드렸다.

그리고 두 사람씩 짝을 지어 그곳을 빠져나왔다. 하나는 인도자였고, 다른 하나는 따르는 사람이었다. 나도 어떤 사람에 의해 자전거오토바이 뒤에서 그의 허리를 꽉 껴안고 산길을 오르고 있었다.

처음에는 엔진의 힘으로 오토바이가 올라갔으나, 조금 가다가 힘이 달려 페달을 밟고 자전거로 올라갔다. 점점 힘이 들어 그는 아예 엉덩이를 들고 힘겹게 페달을 밟았다.

출발할 때는 다소 넓고 평탄한 아스팔트였으나, 조금 가다가 보니 커브도 심하고 경사도 심한 비포장 길이었다. 도로 내려가야 할지 갈등이 생겼다. 하지만 그때 이미 자전거는 산마루를 오르고 있었다.

그런데 고개를 넘어서자 급경사에다 급커브가 이어졌다. 우측으로 미끄러지는 힘으로 나는 낭떠러지가 있는 좌측으로 떨어지고 말았다. 다행히 내 허리와 그의 허리에 튼튼한 밧줄이 묶여 있어 아주 떨어져 나가지는 않았다. 그때 우리는 약간의 실수 때문에 함께 웃기도 했다.

그리고 그의 자전거에 다시 올라탔다. 하지만 길은 더욱 나빠져서 아예 자전거도 지나가지 못할 정도였다. 누군가 우측 산비탈을 파헤쳐 길의 절반이 진흙으로 덮여 있었다. 길을 확장하는 듯했다.

그래서 길 좌측이 질척질척했다. 사람들이 지나가면서 빠지고 넘어지고 미끄러진 자취가 선명하게 보였다. 나도 마찬가지였다. 수차례 넘어지고 미끄러졌다. 그때 나와 그를 묶은 끈이 있어 반드시 지나갈 수 있다는 믿음이 있었다.

그는 절대 넘어지거나 힘이 약한 사람이 아니었다. 그 믿음이 있었던바, 나는 조금도 두려워하지 않았다. 그래서 그 험한 길을 가는 동안 힘은 들었으나 두려움은 느끼지 않았다. 얼마 뒤 공사 구간이 끝나고 다시 평탄한 길이 나왔다. (2005. 3. 20. 주일)

제14편
밀알의 소명

431. 삼중 수술

병든 몸을 고치기 위해 기다렸다. 나 스스로 두 가지 수술을 하고, 하나님께서 두 가지 수술을 더 해주셔야 했다.

어느 날 나는 스스로 두 가지 수술을 하였다. 하나는 보이지 않아 알 수가 없었고, 하나는 분명히 보고 알 수 있었다. 내 대장을 한 뼘 정도 잘라 내 앞에 두고, 하나님께서 해주실 수술을 기다렸다.

얼마 후 하나님의 수술이 시작되었다. 역시 하나는 보이지 않아 알 수가 없었고, 다른 하나는 작두로 무엇을 순식간에 잘라냈다. 예리한 소리가 들리며 항문으로 피가 쏟아졌다. 거품이 부풀어 오른 검붉은 피였다. 누군가 사발을 대고 피를 받았다. 한 사발쯤 되었다. 건강한 피가 아님을 금방 알 수 있었다.

어떻게 하신 것인지 궁금하여 살펴보니, 내가 자르고 남은 대장을 하나님께서 또 잘랐던 것이다. 그래서 내 대장은 네 토막이 되었다. 앞뒤 두 토막은 배 안에, 가운데 두 토막은 내 앞에 놓여 있었다. 그것을 보는 순간 심각한 고민에 빠졌다.

"아, 이걸 어쩌나? 깨끗이 소독하여 다시 접합 수술을 받아야 하는데, 하나도 아닌 두 개를 어떻게 붙일 수 있을까? 적어도 세 곳을 붙여야 하는데, 과연 나을 수 있을까? 접합된 곳을 넘고 넘어 또 넘어서, 그 치유의 기운이 넘어갈 수 있을까?"

그리고 얼마의 시간이 지나서, 준수한 분의 집도로 조심스럽게 접합 수술을 받았다. 그 후 나는 어느 한적한 시골에서 요양하며 지냈다.

그리고 다시 세월이 흘렀다. 나는 조용한 강가에 앉아 낚시를 하고 있었다. 그때 한 사환이 와서 계산서를 보이면서 말했다.

"수술비용은 난이도를 감안하여 40+40+40입니다."

그때 주님의 인도로 40일간의 새벽기도를 3번에 걸쳐 한 것이 생각났다.

(2005. 3. 21)

432. 회계

어느 날 저녁, 어떤 사람과 회계하기 위해 증인을 대동하고 3명이 함께 만났다. 그가 내게 50만 원을 건네주었다. 돈을 받은 내가 다시 그에게 20만 원을 돌려주었다. 그러자 그가 감사를 표했다.

그리고 남은 돈 30만 원을 지갑에 넣으며 보니 무엇인가 꺼림칙했다. 내가 20만 원을 건네준 이유는 분명했으나, 내가 받은 50만 원의 사유는 통 생각나지 않았다. 고심 끝에 내 돈 20만 원을 보태 50만 원을 도로 주었더니, 그는 무슨 영문인지 몰라 어리둥절해 하다가 그 돈을 받았다.

그때 내 눈앞의 환경이 어느 해변으로 바뀌면서 새벽이 밝아왔다. 잔잔한 바다에 작은 물보라가 일고 있었다. 천진난만한 애들이 해변에서 뛰노는 모습도 보였다.

그 아이들 옆에서 코끼리 같은 큰 동물이 함께 뛰놀았다. 또 그들 위에 갈매기로 보이는 새들이 날아다니며, 그들과 함께 어울려 놀았다. 참으로 보기 드문 천국의 광경이 한 폭의 그림처럼 펼쳐졌다. (2005. 3. 22)

433. 죽을 길

"오, 주여! 이 죄인이 간절히 원합니다. 죄인의 죽을 길을 열어주소서. 지난 25년 4개월 동안 빚의 노예로 살았습니다. 그러나 이제는 자유하기 원합니다. 선한 이웃에게 피해를 줄 수가 없어 죽고 싶어도 죽을 수 없습니다. 이 죄인을 긍휼히 여겨주소서. 평안히 죽을 길을 열어주소서. 혹시 저를 불쌍히 여기시거든, 마지막으로 한 번만 더 기회를 주소서. 예수님의 이름으로 빕니다. 아멘."

그때 메시아를 고대하며 죽을 날을 기다리던 예루살렘 성전의 시므온이 생각났다. (2005. 3. 23)

434. 난제

'바르고 거룩한 진리'라는 주의 종과 함께 실타래처럼 얽히고설킨 난제를 풀어보려고 애썼다. 하지만 시간만 지체될 뿐, 실마리가 보이지 않아 애간장만 태웠다. (2005. 3. 24)

435. 우울증

'바르고 거룩한 진리'라는 주의 종이 어느 사무실에 들어가 내 일자리를 부탁했다. 그때 이런 대답을 들었다.

"그리 어렵지 않은 일 같으니, 옆에 앉아 잠시만 기다리세요."

그래서 우리는 기다리며 그 사무실을 둘러보았다. 그때 한 사람이 무엇을 긴급히 감정하려고 하여 엉겁결에 내 차도 부탁했다. 그러자 그가 흔쾌히 받아주었다. 내가 타는 경차였다. 감정가가 192만 원으로 나왔다. 만족할 만한 가격이라 생각했다.

내 차는 뒤꽁무니에 흠집이 있었으나, 어떤 사람이 판금하고 광택을 내자 새 차처럼 깨끗했다. '용의 권세로 성공한 사람'이 내 차를 쭉 훑어보더니, 아무 조건 없이 감정가 그대로 사주었다.

그때 나는 쓸데없는 겸손으로 비굴함을 보였다. 알고 보니 치명적 핸디캡이었다. 그러자 '박복하나 영원히 어진 사람'이 지나가며 말했다.

"친구 사이에 가격이 뭐 그리 중요한가?"

오후 늦게 심한 우울증이 또 나를 덮쳤다. 사탄이 내 목소리까지 변하게 만들었다. 이 어려움에서 헤어날 수 없다는 극도의 불안감이 나를 지배했다.

"오, 아버지 하나님이시여! 왜 저에게 이토록 극심한 어려움을 주십니까? 죽고자 하나 죽을 길조차 없는 이 죄인이 대체 어쩌면 좋단 말입니까? 누구나 열심히 일하면 복을 받기 마련인데, 왜 저는 일하면 할수록 점점 더 큰 어려움에 봉착합니까? 도대체 그 사유가 무엇입니까? 다른 사람들에게는 그토록 인자하신 하나님이 왜 저에게는 이토록 잔인하단 말입니까? 죽기를 원하나 죽을 길마저 열어주시지 않는 하나님은 대체 어떤 하나님입니까?" (2005. 3. 25)

436. 부활절

끝없이 이어지는 비운으로 이제는 살아갈 소망마저 잃어버렸다. 슬픔과 고통 가운데 살다가 보니, 한없이 무거운 마음과 지칠 대로 지친 몸이 너무 거추장스러워 보였다.

어느 작은 교회의 모임에 참석했다가 서둘러 밖으로 나왔다. 달동네 산비탈 마을에 있는 오막살이였다. 그때 마당 바깥쪽의 땅이 꺼지면서 내 다리가 빨려 들어갔다. 땅속이 진창이었다. 허벅지까지 푹 빠진 뒤 간신히 빠져나왔다.

일찍이 그곳에 재래식 화장실이 있었으며, 진흙을 메우고 위에 마사토를 덮었던바, 비가 내려 물이 스며들자 그 속이 진창이 되었던 것이다. 그래서 눈에 보이지 않았다.

수돗가로 가서 바지에 물을 뿌리며 진흙을 씻어냈다. 부끄러운 다리가 보일까 싶어 옷을 벗지 않고 물만 뿌렸다. 한참 뿌리고 나니 그런대로 깨끗하여 다시 길을 나섰다.

길을 나서자 이번에는 시궁창 속으로 빠져들었다. 허우적거리면서 겨우 빠져나와 다시 씻기 시작했다. 냄새가 지독했다. 시간도 더 오래 걸렸다. 수차례 반복해서 물을 뿌리고 닦아냈다. 어느 정도 씻고 또 길을 나섰다.

기진맥진한 상태로 다시 길을 나섰으나, 얼마 안 가서 짐승을 잡으려고 파놓은 함정에 빠졌다. 그리고 설상가상도 유분수지, 이번에는 진짜 똥통 속에 빠지고 말았다. 어렵게 빠져나와 다시 씻기 시작했다. 수돗가에서 씻지 못하고 하수구에 가서 씻었다. 초주검이 되어서야 겨우 끝났다.

그동안 얼마의 시간이 지났는지 해가 서산에 걸려 있었다. 길을 나서기도 전에 하루를 다 허비한 듯했다.

"아, 그러고 보니 어느덧 하루가 지났구나. 아침에 예배드리고 하룻길을 가야 할 여정이 있었는데 너무 아쉽구나. 진창에 빠지고, 시궁창에 빠지고, 함정에 빠지고, 똥통에 빠졌다가 나와 보니, 어느덧 해가 저물어 돌아갈 때가 되었구나."

그때 내가 보아도 정말 이상한 점이 있었다. 그토록 반복되는 불운과 불행 속에서도, 불평이나 불만을 하지 않았다는 것이다. 평소의 조급한 성격과 우울증 등이 정말 이해되지 않았다. 어쩌면 너무 빈번한 불행으로 불평할 기력조차 상실한 게 아닌가 싶었다.

그 숱한 악조건 속에서도, 그 나쁜 환경 속에서도, 이제는 너무 지치고 지쳐서 사탄의 하수마저 나를 포기하고 돌아선 것은 아닌지? 그래서 죽음이라는 극단적 수단까지 그 의미를 상실한 것은 아닌지? 저주받은 나 자신의 정체성까지 흔들렸다.

"그래, 출발하지 못하고 하루가 저문들 어찌하리. 목적한 곳에 가본들 무엇을 하리. 여기서 그대로 돌아간들 어떡하리. 인생은 다 그렇고 그런 것을. 산 것이 죽은 것이고 죽은 것이 산 것인 것을. 바싹 마른 가랑잎에 불과한 것을. 사나 죽으나 그게 그거고 그게 그것인 것을. 그래, 이제 시간이 되었으니 돌아가자."

그때 휴대폰 알람이 울렸다. 새벽 4시였다. 부활주일을 맞아 공설 운동장에서 연합으로 예배를 드리는 날이다. 또 사순절을 맞아 시작한 40일간 특별 새벽기도를 마치는 날이다.

"할렐루야! 하나님 아버지, 오늘도 참으로 좋은 날 주시니 감사합니다."

(2005. 3. 27. 부활절)

437. 큰아버지

어린 시절을 보낸 시골집에 우리 조상들이 모여 있었다. 그들 가운데 '해소 승리'라는 아저씨가 전날의 과음으로 갈증을 호소했다. 어머니가 꿀물보다 더 진한 물을 한 바가지 갖다 주었다.

그 물을 마신 아저씨가 일순간 갈증을 해소했다. 그리고 아저씨가 바가지 안에 있는 그 무엇을 사람들과 나눠 먹었다. 꿀보다 더 달고 영양가 풍부한 열매로 무슨 과일처럼 보였다.

그때 택시가 도착하더니 40대로 보이는 한 신사가 내렸다. 그가 아래채 툇마루에 서 있는 할머니께 가서 정중히 인사했다.

"어머니, 그동안 잘 지내셨어요?"

그러나 할머니는 그가 누구인지 알아보지 못했다. 귀가 어두워 인사하는 소리도 못 들은 듯했다. 그때 나는 이런 생각이 들었다.

"이 아저씨가 내 할머니를 어머니라고 불렀으니 당연히 내 아버지의 형제가 되는 셈이고, 내게 삼촌이 된다는 말이잖아? 그렇다면 대체 이분이 누구란 말인가? 내 아버지의 형제는 어릴 적 모두 죽었고, 큰아버지 한 분만 장성하여 결혼한 후 그 아들과 함께 세상을 떴잖아? 혹시 아버지가 할머니 모르게 맺은 의형제라도 있다는 것인가?"

그리고 그 신사가 방으로 들어가더니, 방에 있는 사람들 가운데 가장 연장자인 '해소 승리' 아저씨에게 뭐라고 하면서 나무라는 모습이 보였다.

40대로 보이는 젊은 아저씨가 70대 노인인 아저씨에게 마치 동생을 나무라듯 하는 것을 보고, 혹시 일찍이 돌아가신 큰아버지가 아닐까 하는 생각이 들었다.

큰아버지는 '해소 승리' 아저씨와 동갑이었으나 생일이 빨라 형이었다. 더욱이 큰아버지는 족보상으로 내 아버지이기도 했다. 나는 그분이 핸섬한 청년 때 모습을 기억하고 있다.

그러니까 내가 태어나기 훨씬 전에 일본의 어느 거리, 벚꽃이 만발한 길

에서, 신사복 정장에 007가방을 들고 찍은 빛바랜 사진에서 큰아버지를 보았다. (2005. 3. 29)

438. 고목

쎄루티, 대주빌, 제주도 주택, 안산 빌라, 중국집, 부천 빌라로 이어진 일련의 사태로 인해 약 4,000만 원의 손해를 보았다. 그런데 문제는 아직도 정신을 차리지 못하고, 인천 원룸을 교환하여 150만 원의 계약금을 또 날리게 되었다는 것이다.

"세상에 정말! 악마의 저주가 임하지 않고서야 어떻게?"

그뿐만 아니라 애물단지가 되어버린 다동 상가와, 우이동 가게로 인해 더욱 깊은 슬럼프에 빠졌다. 빚을 갚아보려고 애를 쓰면 쓸수록 더욱 늘어나는 빚이 나를 정말 힘들고 슬프게 했다.

새벽예배를 드리고 예산을 다녀왔더니 온몸이 나른하고 피곤했다. 초저녁에 자리에 누웠다가 금방 잠이 들었다. 11시경에 '꿀벌'의 전화를 받고 잠이 오지 않았다. 비몽사몽 중에 있다가 환상을 보았다.

큰 저택 마당에 정원이 있었다. 그 옆에 벤치가 있었고, 나는 거기 앉아 있었다. 내 앞에 큰 고목이 하나 있었다. 가지가 빽빽이 뻗어 숲을 이루었다. 그 나무는 줄기에서 뻗어 나온 가지가 너무 많이 얽히고설켜 있어 마치 그물망 같았고, 무성한 잎사귀로 인해 하늘이 보이지 않았다.

그런데 무엇보다도 특이한 점은, 그 나무의 줄기와 가지였다. 줄기와 가지가 어찌 보면 독립적으로 자란 듯이 보였으나, 한 뿌리에서 나온 하나의 나무였다. 나무의 줄기와 가지가 하나같이 비슷한 모양을 하고 있었다.

가지가 비틀어지고 줄기가 꼬이고 뭉쳐서 뭉떵한 마디를 만들었고, 또 그렇게 만들어지기를 반복하고 있었다. 한 줄기에 서너 개의 둥글게 튀어나온 마디가 있었다. 모든 줄기가 마찬가지였다. 그래서 나무의 모양새는 볼품이 없었으나 강하기는 한이 없어 보였다.

그 옆을 보니 이름 모를 풀들이 무성하게 자라고 있었다. 어른 한 키 내지 두 키 정도 되었다. 또 왼쪽으로 사군자로 보이는 나무들도 있었는데, 아름다운 꽃들이 만개해 있었다.

그리고 우측에는 저택으로 들어오는 초가집 출입문이 있었나. 초가집 지붕의 반은 아름드리 박이 무르익고 있었으며, 반은 호박이 주렁주렁 열려 자라고 있었다. (2005. 3. 30)

439. 현자 방식

아버지와 함께 집수리에 여념이 없었다. 다소 규모가 큰 한옥으로 대수선이었다. 설계도와 시방서 없이 수리부터 했으나, 나중에 맞춰보니 별 하자가 없었다.

외부는 거의 마무리가 되었으나 내부는 여전히 미흡했다. 한꺼번에 여러 공사를 동시에 하여 집안에 널려 있는 쓰레기가 전쟁터를 방불케 했다. 하지만 하루빨리 내부까지 끝내려고 분주히 일했다.

그때 건물 안에 쌓인 시멘트 잔해 위에서 아들이 놀고 있었다. 딸은 그 위에 누워서 울고 있었다. 미련한 짓이라는 생각에 참지 못하고 아들에게 가서 머리를 내리쳤다. 그러자 아들은 자기 잘못이 아니라고 하면서 억울함을 표시했다.

그래서 울고 있는 딸의 머리도 내리치자 잔뜩 겁을 먹고 울음을 멈추었다. 멀리서 그 광경을 지켜보던 내 어머니가 아이들을 불렀다. 그러자 아이들이 할머께 달려가 할머니가 미리 준비한 세숫물로 얼굴을 씻었다.

그리고 직장에서 나름대로 최선을 다해 열심히 일했다. 기회가 주어져 '큰 돌'이라는 사람과 함께 인사권자를 찾았다. '큰 돌'은 인사권자의 인정을 받아 팀장이 되었으나, 나는 빈손으로 물러났다.

그러나 나는 내 자리로 돌아와 더욱 열심히 일했다. '현자 방식'이라는 관리자가 수시로 모욕을 주었으나 아랑곳하지 않았다.

어느 날 관리자가 직원회의를 소집했다. 바쁘게 일하다가 헐레벌떡 들어가 의자를 바짝 당겨 앞쪽에 앉았다. 수첩을 들고 메모하려고 했다.

그때 한 직원이 관리자에게 불려가 인격적으로 모욕을 당했다. 그리고 나를 보더니 이렇게 말했다.

"너는, 이 자식아! 왜 앞에 나와 있는 거야. 이 자식들 정말 형편없는 놈들이야!"

그렇게 질책을 받고 나는 뒤로 물러났다. 서류 더미가 잔뜩 쌓여 있는 좁은 책상 안쪽으로 의자를 밀어 넣고 거기 들어가 겨우 앉았다. 그래도 그는 분이 풀리지 않은 듯, 뒤에 있는 칠판에 내 이름을 크게 썼다.

그리고 자기 책상 위에 펼쳐진 수첩에다 '45'라는 숫자를 쓰고 동그라미를 쳤다. 그러고도 여전히 욕설을 섞어 무엇이라 나무라면서 인격적으로 모욕을 주었다. 그때 나는 이런 생각이 들었다.

"내 나이 50에 이 무슨 망신이란 말인가? 여기 있는 직원 중에는 내 아들과 딸 같은 사람들도 있는데, 정말 너무 하는 것이 아닌가? 내 그렇게 질책 받을 잘못도 저지르지 않고 열심히 일한 죄밖에 없는데, 이번 기회에 여기서 사표를 내야 하나? 아니면 더 참아야 하나? 어찌해야 좋단 말인가?"

새벽 3시에 일어나 이 글을 쓰고 교회에 갔다. 새벽예배를 인도하기 위해 나온 여전도사가 준비한 원고를 읽기 시작했다.

"오늘은 3월 말일이고, 우리가 읽은 말씀도 민수기 36장으로 마지막 장입니다."

그렇게 원고를 읽어 내려가다가 숨이 찬 듯 간혹 한숨을 내쉬었다. 나는 눈을 감고 설교를 듣고 있었다. 목사님의 설교에 비해 재미도 없고 은혜도 없었다. 그런데 마지막 말이 내 마음을 사로잡았다.

"그때 여성들의 상속은 어림도 없었습니다. 하지만 슬로브핫의 딸들은 상속을 받았고, 그들의 이름이 모두 성경에 기록되어 후대에 전해지고 있습니다. 이는 오직 그들의 순종 때문이었습니다. 시종일관 흐트러짐 없이 순종한 결과, 얻게 된 너무나 값진 축복이었습니다."

"오, 주여! 이제까지 저를 어렵게 하신 이유가 바로 여기에 있었습니다. '흐트러짐 없는 순종'을 주님이 원하셨습니다. 모난 것을 다듬어 주시려고 그토록 길고 긴 시련을 주셨습니다.

오, 주여! 이제는 예수 그리스도의 심장으로, 예수 그리스도의 심령으로, 예수 그리스도의 이름으로, 예수 그리스도의 길을 걷게 하소서. 예수 그리스도의 눈으로, 귀로, 입으로, 손으로, 발로, 몸으로 향기를 발하게 하시고, 편지 되게 하소서. 예수 그리스도의 사랑이 제 인격을 통해 드러나게 하소서. 예수님의 이름으로 기도합니다. 아멘." (2005. 3. 31)

여호와께서는 자기에게 부르짖는 모든 사람에게 가까이 계시고, 진심으로 부르짖는 모든 사람에게 가까이하신다. (시편 145. 18)

440. 최상 섭리

오늘도 어김없이 새벽 4시에 알람이 울렸다.

"할렐루야! 하나님 아버지, 오늘도 감사합니다."

그리고 자리에서 일어나 베개를 끌어안고 엎드렸더니 바로 성전이 보였다. 전쟁에서 집중 폭격을 받은 듯 뼈대만 앙상하게 남아 흉물스러웠다. 그때 '최상 섭리'라는 주의 종이 오더니, 폐허가 된 성전 앞에서 두 팔을 벌리고 기도하기 시작했다. 쉽게 마칠 것 같지 않았다.

자리에서 일어나 머리를 감고 풀칠한 뒤 교회에 갔다. 머리카락이 실국수처럼 줄줄 늘어져 매일 풀칠할 수밖에 없었다. 그래서 본의 아니게 얼굴만 번지르르하게 보였다.

"이스라엘 백성이 가나안 땅을 목전에 두고 들어가기를 주저했던바, 결국은 40년 동안 광야를 배회했습니다. 그게 바로 오늘날 우리의 모습입니다. 하지만 여호수아와 갈렙은 하나님의 뜻을 온전히 순종하여 무사히 입성했습니다."

"오, 하나님 아버지, 제가 가나안 땅에 들어가기를 주저했습니다. 제가 40년 동안 광야를 배회했습니다. 모진 세월을 보내며 하나님을 원망도 많이 했습니다.

이제 제 영안을 열어주소서. 주의 뜻이 어떠하신지, 주의 길이 어디에 있는지 알려주소서. 흐트러짐 없이 온전히 순종할 수 있는 믿음을 주소서. 가나안 땅에 입성하도록 다시 한 번 기회를 주소서. 예수님의 이름으로 기도합니다. 아멘." (2005. 4. 1)

441. 바른 방식

어제부터 구체적으로 사후 과제를 정리하기 시작했다. 우선 구독하던 신문을 끊었다. 2개월분의 구독료 24,000원을 추가로 송금하고 투입하지 않겠다는 약속을 받았다.

공기청정기도 어렵게나마 반납했다. 5월 5일 자로 만기 되는 임대차 월세를 낮춰보려고 여기저기 알아보았다. 몇 군데 답사도 했으나 여의치 않았다.

그리고 자동차 할부금 부담을 해소하려고 여기저기 전화했더니, 마침 할부금을 안고 인수하겠다는 사람이 있었다. 그래서 오늘 아침에 차를 갖다 주기로 했다.

그런데 차가 없으면 당장 새벽예배에도 나갈 수 없었다. 내 형편과 사정을 잘 아는 사람에게 전화했더니, 타다가 언제든지 다시 가져오면 되는 차가 있으니, 당분간 그 차를 타라고 했다.

그러나 죽음을 예비하는 내게 그것도 부담되었다. 할부금 부담으로 차를 계속 탈 수도 없고, 차가 없으면 당장 움직일 수도 없어 진퇴양난이었다. 이런저런 고민을 하다가 초저녁에 일찍 잠자리에 들었다.

엄청난 빚을 지고 하루하루 살아가는 처지에 역시 자동차 할부금이 부담되었다. 이 세상 모든 고민을 홀로 짊어지고 살아가는 사람처럼, 깊은 수심에 휩싸여 운전하고 있었다. 그때 '바른 방식'이라는 친구가 내 옆에 앉아 있다가 말했다.

"아무 걱정 말고 그대로 해. 200을 빌려 120을 갚고 80을 갚지 못해도, 형편이 나아질 때 갚으면 그게 오히려 득이 될 거야."

1시에 일어나 글쓰기를 마치고 교회에 갔다. 새벽예배에 참석했으나 집

중이 되지 않았다. 여전히 답답한 마음으로 기도했다. 그때 이 말이 반복해서 튀어나왔다.

"하나님은 구원이시다! 예수, 예수, 예수 …"

그러다가 이렇게 진전되었다. 흔히 말하는 방언 기도였다.

"예수, 예스, 예 세 세 쎄 쎄 …"

새벽기도를 마치고 집에 돌아왔다. 아침을 먹고 자동차 도매시장으로 갔다. 예약한 차를 보았으나 마음에 내키지 않아 사양했다. 그러자 계약금 10만 원은 어떻게 하느냐고 묻기에 기탄없이 내주었다.

그리고 지난 1992년부터 알고 지내는 사람에게 갔다. 마침 1997년형 프라이드가 있었다. 차는 많이 낡았으나 휘발유와 엘피지 겸용으로 탈 만했다. 1992년 운전면허를 취득하여 처음으로 구입한 차가 바로 그 프라이드였다.

1992년 이후 한 번도 새 차를 타지 못했다. 13년 만에 다시 프라이드를 운전하니 감회가 깊었다. 찻값은 10만 원이었으나 내가 타던 차와 맞교환했다. 월요일에 만나 이전하기로 약속하고 돌아왔다.

오후에 다시 싼 집을 알아보기 위해 나갔다. 덕이동에 보증금 100만에 월세 16만 원 집과, 보증금 300만에 월세 20만 원 집이 있어 찾아가 보았으나 여의치 않았다. 삼송동과 탄현동에도 가보았으나 모두 내키지 않았다.

저녁에 오피스텔 주인에게 전화했더니 지난 2년 동안 하루도 어김없이 월세를 잘 보내줘서 감사하다고 하면서, 5만 원을 감한 금액으로 재계약해주겠다고 했다. 그래서 1년을 더 살기로 했다.

그리고 자리에 누워 '기독교 상담'을 읽으려고 했다. 그때 미국에서 온 목사님을 통해 상담학을 공부하고 있었다. 하지만 머리에 들어오지 않았다.

지난 며칠 동안 나를 짓누른 답답함, 초조함, 불안감, 근심·걱정, 배신감,

원통함, 억울함 등이 뇌리를 떠나지 않았다. 책을 읽어도 집중될 리 없었고, 다시 보아도 마찬가지였다. 소제목도 머리에 들어오지 않았다.

그때 내 마음 한구석에서, 갑자기 무엇인가 쑥 빠져나가는 느낌이 들었다. 그러자 내 심장 속에서 평화가 솟아났다. 차분한 마음까지 우러나왔다. 그리고 내 입에서 자꾸 이 말이 튀어나왔다.

"아기사자(我既死者) 예수내주(Jesus內住) …"

"그래, 무슨 어려움이 있어도 예수 그리스도를 놓쳐서는 안 된다. 그분만은, 그분만은, 결단코, 결단코, 반드시, 반드시, 꼭, 꼭 붙잡아야 한다!"

누군가의 강권적 권유에 의해 다짐하고 또 다짐했더니, 더욱 큰 평화가 찾아와 순간적으로 침착하게 되었다. 그래서 홀가분한 마음으로 다시 일어나 이 글을 마저 쓰게 되었다. 불안감이 사라지며 찾아온 평화가 정말 고마웠다.

그때 요한복음 14장 27절에서, 내 평화를 너희에게 준다는 예수님의 말씀이 생각났다. (2005. 4. 2)

442. 소명

복지관에서 지적장애인과 생활 훈련을 받고 있었다. 아침부터 비가 심하게 내렸다. 프로그램이 일시 중단되었다. 훈련생들은 실내에서 놀았다. 일부는 복지관에 나오지 않고 집에 있었다.

오후 늦게 날이 개자 집에 있던 장애인 하나가 복지관으로 나오다가 쓰러졌다. 선생님이 급히 뛰어가는 모습이 보였다. 그는 시간의 개념이 없어 비가 그치자 복지관으로 나왔던 것이다.

실내에 있던 훈련생들은 각자 자유로운 시간을 보내고 있었다. 일부는 오락을 하면서 나름대로 즐겁게 놀았다. 오락기구 중에는 드럼통 위에 원판이 돌아가는 것도 있었다. 맨 위쪽에 플라스틱 물통 같은 것이 빙글빙글 돌았다.

그런데 그것이 한 바퀴 돌 때마다 심한 요동을 쳤다. 무슨 원인인지 찾을 수가 없었다. 그때 한 장애인이 물통을 들고 요리조리 살펴보다가, 밑바닥 부분이 무슨 충격에 의해 조금 늘어난 것을 발견했다. 약간 튀어나온 부분을 누르고 비벼서 매끈하게 만들어 다시 올렸다. 그러자 언제 그랬느냐는 듯이 조용했다.

그 모습을 지켜본 나는, 그가 상상하지 못할 큰 지혜를 발휘했다는 생각이 들었다. 그러고 보니 정식으로 등록된 지적장애인은 아니었으나, 나 역시 그들과 함께 훈련을 받는 사람으로서, 그들보다 조금도 낫지 않다는 생각이 들었다.

오늘은 새벽예배가 없었다. 교회가 아닌 집에서 기도했다. 그리고 늘 하던 대로 7시 30분 1부 예배에 참석했다. 그 예배를 드리고 와서 9시 인터넷 예배를 다시 보았다.

그리고 의자에 앉아 잠시 졸다가, 짧은 시간에 꿈을 꾸었다. 세계적으로 유명한 목사님이 설교하고 있었다. 옆에서 수화로 통역하는 사람도 보였다.

그때 수화 통역사가 오른쪽 엄지손가락과 검지를 펴고, 좌측에서 우측으로 서너 차례 당기면서 검지를 오므리는 모습이 보였다. 특이한 수화여서 확인해 보았더니, '매우(very)'와 '빨리(fast)'가 합쳐진 말이었다.

그리고 목사님이 "그리스도!" "그리스도!" "그리스도!" 하자, 그가 오른손을 구부려 왼쪽 어깨에 연거푸 올리는 모습도 보였다. 그 수화는 '책임' '담당 '선생' 등을 의미했다.

그 말을 모두 합치면 '빨리! 그리스도! 선생!' 이라는 뜻이었다. '빨리 그리스도를 전하는 선생이 되라!'는 주님의 소명으로 여겨졌다. 하지만 그게 구체적으로 무엇을 의미하는지 확신이 없었다. (2005. 4. 3. 주일)

의인은 일곱 번 넘어져도 다시 일어나지만, 악인은 단 한 번의 재앙을 만나도 쓰러진다. (잠언 24. 16)

443. 큰소리

광야에서 '큰소리'가 부르짖었다.

"주여, 저로 이 요단 강을 건너게 하소서! 저 아름다운 땅을 보게 하소서!"

그러자 주님의 음성이 들렸다.

"그것으로 족하다. 그 일에 대해서 더 이상 내게 구하지 마라. 너는 이 요단을 건너지 못하고 죽을 것이다."

"주여, 지나치십니다. 약간의 경거망동은 있었으나 너무 심하신 처사입니다."

"내 뜻이니 그에 따르라. 그것이 옳다."

"주여, 제 은혜가 족합니다. 이는 제 능력이 약한 데서 온전해지기 때문입니다. 일찍이 위대한 지도자 모세도 그랬고, 침례 요한도 그랬고, 스데반 집사도 그랬습니다. 하물며 주님의 이름으로 주를 배신한 이 버러지만도 못한 종이야 오죽하겠습니까?" (2005. 4. 4)

이스라엘아, 이제 내가 너희에게 가르치는 규례와 법도에 귀를 기울이라. 그 말씀에 복종하라. (신명기 4. 1)

444. 울음

난세 속의 난장판 가운데 사람들이 하루하루 힘들게 살아가고 있었다. 그때 나는 여러 사람들이 분주히 오가는 길목에 앉아 무엇인가 골몰했다.

그러던 어느 날, 드디어 내 작품이 전시된다고 하여 찾아갔다. 그리 크지 않은 아담한 공간에 벽이 하나 있었다. 그곳에 마치 신이 쓴 글처럼 조금도 흠잡을 데 없는 서예들이 빽빽하게 걸려 있었다.

그런데 전시된 작품 가운데 세로로 길게 걸린 글이 유독 눈에 띄었다. 다름 아닌 내가 쓴 작품이었다. 그 글을 유심히 바라보았다. 처녀작으로 약간의 아쉬움은 있었으나, 그런대로 마음이 뿌듯했다.

그때 내 옆에서 그 글을 지켜보던 '마지막 바른 규범'이 뭐라 중얼거렸다. 약간 부러워하면서도 시기하는 눈치였다. 그리고 자기도 도전하겠다는 각오를 다지는 듯했다.

새벽기도 중에 갑자기 큰 설움이 북받쳐 오르면서 눈물과 콧물이 쏟아졌다. 그동안 다른 사람의 간증으로 듣던 회개를 나도 체험하면서 새벽을 깨웠다.

"하나님 아버지, 제가 잘못했습니다. 정말 잘못했습니다. 저를 용서해주십시오."

집으로 돌아와 기도원으로 올라가고 싶은 충동이 일어났다. 그동안 교제하던 목사님과 전도사님, 그리고 집사님에게 기도를 부탁한 뒤, 이제 정말 마지막이라 생각하고 동산으로 올라갔다.

"주님의 긍휼만이 제가 살길입니다. 중보기도 부탁드립니다."

얼마 후 기도를 부탁한 세 사람 가운데 '모두 맡김'이라는 목사님으로부터 2번에 걸쳐 메시지가 왔다.

'의인은 고난이 많으나 여호와께서 그 모든 고난에서 건지시도다.' (시편 34. 19)

"항상 기도하고 있습니다. 주님의 손길이 함께하십니다. 주님께 모두 맡기세요."

이 말씀을 음미하며 기도원으로 올라갔다. 11시 예배를 드리면서 주님의 은혜에 감동하여 한없이 울었다. 내 평생 그렇게 울기도 처음이었다. 손수건을 흠뻑 적셔 짜게 만들었다. 기도실에 가서도 울고 또 울었다. 한없이 펑펑 울어댔다. 도대체 어디서 그 울음보가 터졌는지, 내가 보아도 정말 이상한 일이었다.

'내가 네 죄과를 제하여 버렸으니, 네게 아름다운 옷을 입히리라.' (스가랴 3. 4)

오후 3시에 드리는 예배에서도 간절한 마음으로 기도하다가 울음보가 또 터졌다. 기도실에 돌아와 기도하면서도 또 울고 울며 한없이 울었다.

저녁 7시 예배에서, 모든 사람이 박수 치고 찬송하며 흥겨워할 때도 한없이 목놓아 울었다. 내 인생이 왜 그리 서러운지, 정말 아무 부끄러움도 몰랐다.

'수고하고 무거운 짐을 진 자들아, 다 내게로 오라. 내가 너희를 편히 쉬게 하리라.' (마태복음 11. 28)

"주님께서 말씀하십니다. 자신의 뜻과는 무관하게, 본의 아니게 지게 된 무거운 짐을 다 내려놓으라고 하십니다. 그러면 쉼을 얻을 것입니다. 이제는 그 짐을 주님께 온전히 맡겨버리십시오. 그리고 자유를 누리십시오."

"아멘, 주 예수여! 제 나이 50에 비로소 주님을 뵙습니다. 교회에 나온 지 40년 만에 참으로 뵙습니다. 만신창이 되고 나서야 진심으로 뵙습니다. 그동안 홀로 지고 온 이 무거운 짐을 이제야 주님께 내려놓습니다.

앞으로 제게 주어지는 것이 무엇이든 주님께 맡기겠습니다. 제 남은 인생도 송두리째 바치겠습니다. 제 생명도 드리겠습니다. 저를 용서해주소서. 저를 받아주소서. 주님을 위해 무 유골, 무 유품, 무 유산을 철저히 실천하겠습니다. 제게 믿음을 더하여 주소서. 예수님의 이름으로 기도합니다. 아멘."

4번의 예배와 3번에 걸친 기도를 마치고 하산하게 되었다. 주님에 대한 신뢰가 한층 깊어졌을 뿐만 아니라, 그 무겁던 빚의 부담도 한결 가벼워졌음을 느꼈다. (2005. 4. 5)

445. 편입학

나의 애통함을 목사님이 알기라도 한 듯이 이렇게 기도하며 새벽예배를 마쳤다.

"애통하며 눈물로 간구하는 자를 위로하소서."

기도 중에 목사님의 기도를 음미하니 또 눈물이 왈칵 쏟아졌다. 그리고 지난 며칠 동안의 일을 생각해보니 무엇인가 주님의 깊은 뜻이 계신 듯했다. '용기' 목사님의 수화와 '맡김' 목사님의 메시지, 그리고 기도원에서의 말씀까지 모두 일맥상통하는 데가 있었다.

'네 짐을 내게 맡겨라. 시간이 없다. 내가 네 모든 짐을 감당하겠다.' 주님이 이렇게 말씀하시는 듯했다.

어제저녁, 기도원에서 집으로 돌아와 주차하려고 보니, 집까지 오는 동안 보이지 않은 팸플릿이 유리창에 끼워져 있었다. 아무 생각 없이 들고 올라와 보았더니 신학교 편입학 안내였다.

'만신창이 되어서야 비로소 신학을 하고 주의 종이 되었다는, 뭇사람의 간증을 내게도 주시겠다는 것인가?' 대뜸 이런 생각이 들었다.

그러고 보니, 얼마 전 주님께 부르짖을 때 한 말이 떠올랐다. '주님께서 저를 긍휼히 여겨주신다면, 제 인생을 통째로 바치겠습니다. 제 생명까지 바치겠습니다.'

"그렇다면 정녕코 주님이 내게도 주의 종이 되라고 하시는 건가? 그래서 일을 하면 할수록 그렇게 자꾸 꼬였는가? 그게 주의 일을 하지 않았기 때문인가? 그래서 그 숱한 고난을 주신건가? 그 엄청난 빚도 주님이 허락하신건가?

아니야! 아니야! 아니야! 그렇지 않을 거야! 이 죄인을 어떻게 주님이 사용하시겠는가? 꼭 주의 종이 되어야 주의 일을 하는 것은 아니지 않은가? 지금 주의 종이 남아돌고 있다는데, 나 같은 저질을 불러 어디다 사용하시겠는가?

오, 주여! 저를 도와주소서. 이제 와서 주님의 뜻이라면 무엇이든 못하겠습니까? 목숨까지 바치겠다고 약속하지 않았습니까? 하지만 주여! 이 종을 다시 한 번 더 돌아보소서. 제 사정과 형편을 굽어살펴주소서.

오, 주여! 제가 어찌해야 좋습니까? 주님의 뜻을 이루소서. 그게 무엇이든 주님의 뜻을 따르겠습니다. 제 믿음이 없음을 도와주소서. 예수님의 이름으로 기도합니다. 아멘."

그리고 일어나 팸플릿을 보고 전화했더니, 우선 신학교를 방문하여 학장

님과 면담하라고 했다. 그 길로 달려가 학장 목사님을 면담하고 편입학 절차를 밟았다. 마치 꿈을 꾸는 듯했다. (2005. 4. 6)

446. 자전거

자전거를 타고 좁은 산길을 내려가고 있었다. 그때 동행한 사람이 있었다. 그는 시종일관 내가 가는 길을 도와주었다. 하지만 그가 누구인지, 어떻게 생긴 사람인지, 나는 알 수 없었다. 그리고 '동녘 맑음' 형제는 나보다 한걸음 앞서 내려가며 내 길을 닦아주었다.

길이 좁고 험해 자전거를 타고 내려가기 어려웠다. 자전거를 타고 가는 길이라기보다, 자전거에 몸을 의지하여 내려가도록 만들어진 길로 보였다.

그렇게 한참 내려가다가 보니, 산기슭으로 비스듬히 난 좁은 길에 나뭇가지가 덮여 있었다. 길 일부가 유실되어 자전거를 타고 가기 어려워 틈새를 메워놓은 듯했다. 우리 앞서 내려가며 길을 다듬은 '동녘 맑음'이 그렇게 한 것으로 보였다.

그래서 그곳을 조심스럽게 지나갔으나, 갑자기 길이 내려앉으면서 자전거가 땅속으로 들어가고 말았다. 그때 나와 함께한 사람이 다급히 소리쳤다.

"위험해! 자전거를 버려!"

움찔하며 뒤로 물러나 구렁텅이를 내려다보았더니, 땅속에 흉용한 물결이 소용돌이치며 자전거를 삼키고 있었다. 그때 자전거 핸들이 완전히 가라앉지 않고 위에서 빙빙 돌았다. 그래서 핸들을 잡아보려고 애썼으나 무리였다.

결국 자전거는 소용돌이 속으로 완전히 빨려 들어가고 말았다. 땅속의 물결이 내 주변의 땅을 모두 무너뜨리고 삼킬 듯했다. 그때 나와 함께 있던 그가 또 소리쳤다.

"빨리 피해! 시간 없어!"

그래서 서둘러 산을 오르기 시작했다. 그때 어떤 아이가 함께 있었다. 조금 가다가 보니 좌측에 큰 계곡이 있었고, 우측에 크고 넓은 너럭바위가 있었다. 아이가 내 손을 뿌리치고 너럭바위로 달려갔다. 그곳은 안전할 듯했다.

나도 아이를 따라 반석 위로 올라갔다. 거기 아이들이 무리를 지어 놀고 있었다. 물건을 파는 가게도 보였다. 이미 많은 사람이 거기 올라와 있었다.

그러고 보니 나보다 먼저 내려간 '동녘 맑음' 형제와 그 일행이 걱정되었다. 그래서 그들을 찾아보려고 위로 올라갔다. 마침 그들도 우리를 찾아 내려오고 있었다.

그들은 아래쪽 길을 이용하여 반석으로 올라갔고, 나는 아이와 함께 위쪽으로 거슬러 올라갔던바, 서로 비슷한 시간에 만났던 것이다.

"여기까지 오느라고 수고 많았지?"

"예, 정말 힘들고 어려웠습니다."

얼마 후 나는 어느 허름한 교회당 앞에 서 있었다. 몇몇 청년들이 무슨 자료를 옮기면서 힘겨워하는 모습이 보였다. 얼마나 지쳤는지 모두가 하나같이 허우적거렸다. 그때 주의 종이 다가와서 내가 물어보았다.

"사람들이 많이 모여들죠?"

"아이고, 말도 마이소 고마. 벌 떼같이, 메뚜기 떼같이 몰려와 정신을 차릴 수 없어요."

"교회당을 새로 지어야겠네요."

그러자 그는 피곤한 듯 더 이상 아무 말도 하지 않았다. 그저 지칠 대로 지친 모습 그대로, 자료를 옮기는 사무실로 들어갔다. (2005. 4. 10. 주일)

447. 자격시험

지체와 농아, 시각협회가 한곳에 모여 있었다. 그 가운데 나는 지체협회에서 간사로 일했다. 단체장과 간사가 모두 장애인이었다. 지체는 지체, 농아는 농아, 시각은 시각장애인이었다.

현실적으로 있을 수 없는 일이었다. 단체장은 몰라도 간사까지 같은 장애인이면, 사무를 어떻게 보고 보좌하겠는가? 하지만 그들은 자신이 속한 단체를 위해 열심히 일했다.

그때 나는 무엇인가 다른 일도 하고 있었다. 그래서 쉬는 날을 빨간 줄로 표시해 두었다. 첫째와 셋째, 다섯째 주일이 격주 휴무였기 때문이다.

그렇게 근무하던 중 무슨 자격시험이 있어 간사들이 모두 시험을 보았다. 시각협회 간사와 지체협회 간사인 나는 합격했으나, 농아협회 간사는 안타깝게도 떨어지고 말았다.

그리고 얼마 후 연합회의가 있었다. 시간이 임박하여 서둘러 갔더니, 마침 시각협회 간사가 회의장으로 들어가고 있었다. 그가 문을 열고 들어가는 뒤를 따라 나도 들어갔다.

회의장에는 이미 많은 사람들이 모여 좌담하고 있었다. 얼마 전에 있었던 자격시험에 대한 얘기가 주류를 이루었다. 그때 시각협회 간사가 다른 사람의 말을 이어 말했다.

"나와 '동녘의 봄'이 이번 시험에 합격했다. 그가 출입기자라는 사실을 나는 알고 있다. 그런 그가 이번 시험에 합격하지 못하겠어? 아무튼 400점 이상은 되었을 거야."

그는 약간 거들먹거리면서 자랑스럽게 얘기했다. 내가 옆에 있다는 사실을 몰랐다. 그런데 사실 나는 출입기자가 아니었다. 언젠가 잘난 체하며 한 마디 했던 것을, 그가 액면 그대로 믿고 있었던 것이다. (2005. 4. 11)

448. 계약

잠이 그렇게 깊이 들지 않았다. 비몽사몽 중에 환상을 보았다. 계약이 체결될 것이라는 소식이 들렸다. 오랫동안 기다리던 계약이라 기쁨을 금할 길이 없었다. 그런데 약속 장소에 나가 보니, 계약이 있을 자리에 사탄이 웅크리고 있었다.

사탄은 덩치가 컸고 계약은 왜소했다. 늘 하던 대로 소리를 치려고 했다. 그때 상황이 현실로 바뀌어 나는 실제로 소리를 질렀다.

"사탄아, 물러가라! 우리 주 예수 그리스도 이름으로 명한다. 썩 물러가라! 예수 그리스도 이름으로 내가 다시 한 번 명한다. 일곱 길로 물러가라!"

그리고 다시 보니, 사탄은 온데간데없이 사라지고 보이지 않았다. 주변 땅은 깨끗이 소제되고, 그 자리에 계약이 있었다. (2005. 4. 12)

한동안 잠잠히 있던 계약이 활발하게 움직이기 시작하더니 비로소 열매를 맺는 듯했다. 자세히 보니 '8985'라는 숫자였다. 그것이 공중을 이리저리 날아다니며 열심히 일하고 있었다.

어느 산기슭에서 사람들이 무엇인가 열심히 일했다. 그들 가운데 '동녘 윤택'이 산비탈에 있는 작은 나무 위에서 축 늘어져 있었다. 너무 지쳐서 몸을 가누기가 힘들어 보였다. 기진맥진한 상태로 봐서 금방 미끄러져 떨어질 것 같았다.

그는 내 형제요, 골육지친이었다. 애처로워서 어쩔 바를 몰랐다. 조용히 다가가 그를 어깨에 둘러메고 집으로 갔다. 제수씨가 아이를 돌보다가 나와 도와주었다. 제수씨는 침착하게 그를 부축하여 따뜻한 아랫목에 눕히고 편히 쉬게 하였다. 그러자 그에 감동이라도 한 듯이, 동생은 금세 의식을 회복하고 일어났다.

오늘은 애물단지 상가가 보성 땅과 교환될 것으로 믿고 있었다. 하지만 저녁까지 연락이 없었다. 그것도 안 되면 삼척 임야와 교환될 것이니, 걱정하지 말고 있으라는 연락을 받았다. 하지만 그 역시 감감무소식이었다.

뭔가 될 듯 말 듯 하다가 안 되는 상황이 여전히 반복되었다. 그래서 또다시 불안하기 시작했다. 근심·걱정에 사로잡혀 가슴이 두근두근 거렸다. 일이 손에 잡히지 않았다. 조울증이 다시 일어나면서 심장 박동이 요동치기 시작했다.

그때 자매가 돈을 빌려주면서 무의식중에 한 말이 생각났다.

"5월까지만 기다려 봐요."

초조하고 불안한 마음을 추스르며 먼 하늘을 바라보고 있었다. 120일간의 작정 기도가 다시 생각났다.

"그래, 천하만사는 다 때가 있다고 했다. 120일간의 기도가 끝나는 6월 18일까지 기다려보자. 어떤 형태로든 주님께서 인도해주실 거야."

그리고 책상 위에 이렇게 써 붙였다. '6월 18일까지 무조건 인내!'

(2005. 4. 13)

450. 포기

"오, 주여! 저를 용서하소서. 주의 일을 외면하고 세상일에 전념하여 온갖 근심과 걱정거리를 만들었습니다. 이제 모든 것을 주님께 맡기고, 주의 일에 매진하도록 도와주소서.

세상 사람들에게 더 이상 비굴하지 않게 하시고, 그들의 동정을 바라지도 말게 하소서. 지난 2월 14일부터 시작한 40-40-40 기도가 끝나는 6월 18일까지, 모든 것을 덮어두고 인내하게 하소서.

그때까지 정리되지 않는 것이 있다면, 포기할 건 포기하게 하시고, 수용할 건 수용하게 하소서. 예수 그리스도 이름으로 기도합니다. 아멘."

일찍 일어나 기도하고 예배에 참석했더니 '버릴 것은 버리라!'라는 말씀이 있었다. 어제저녁부터 오늘 새벽까지 이어진 하나님의 감동과 말씀이 똑같은 은혜로 다가왔다.

"오, 아버지 하나님이시여! 헐 것은 헐고 깨뜨릴 것은 깨뜨리며, 불사를 것은 불사르고 찍을 것은 찍으며, 버릴 것은 버리고 지킬 것은 지키게 하소서.

이제 모든 것을 포기합니다. 오직 예수 그리스도와 하나님 아버지의 영광만을 생각합니다. 어제까지 무조건 빚을 갚아야 한다는, 그래야 사람의 구실을 한다는 생각에 사로잡혀 있었으나, 오늘부터 그 모든 것을 단념합니다.

그동안 저를 그토록 어렵게 하신 것도, 지옥의 구렁텅이 속을 헤매게 하신 것도, 모두 주님의 섭리 안에 있었습니다. 일산 상가, 화천 땅, 공릉동 분식집, 응암동 카페, 대조동 빌라, 갈현동 빌라, 제주 주택, 다동 상가, 안산 빌라, 삼선동 중국집, 부평 빌라, 대구 임야, 인천 원룸, 우이동 주점 등으로 이어진 크고 작은 실패가 모두 그랬습니다.

돈은 뭣이며 빚은 무엇입니까? 사탄의 올무요, 하나님의 도구가 아닙니까? 알고 보면 한낱 먼지요, 티끌인 것을요. 이제 생각을 180도 바꾸었습니다. 세상에서 소외되고 버림받은 이웃을 위해 살겠습니다.

그동안 기독교 교육을 이수하게 하신 것도, 수화를 배우게 하신 것도, 상담을 공부하게 하신 것도, 신학을 연구하게 하신 것도, 다 주님이 예비하신 일이었습니다. 불필요해 보이는 공인중개사 자격까지 말입니다.

그리고 주님은, 이 모든 것을 스스로 깨닫고 돌아오도록 오랫동안 기다리셨습니다. 그러나 저는 우둔하여 주님의 뜻을 알지 못했고, 오직 빚을 갚아야 한다는 생각에 사로잡혀 지난 25년을 노심초사하며 보냈습니다. 그래서 일을 하면 할수록 빚은 늘어만 갔고, 실패와 좌절을 겪어야 했습니다.

이제 빚을 비롯해 그 모든 일을 주님께 맡기고, 오직 주님의 영광만을 위해 살겠습니다. 신용불량자면 어떻고, 파산자면 어떻습니까? 그건 제 인생의 한 점에 불과하며, 세상에서 흔한 먼지일 뿐입니다.

그런 일이 실제로 임하더라도, 감사함으로 받을 수 있도록 저를 도와주소서. 제가 주님 안에 있고 주님이 제 안에 계시는 한, 주님의 영광만을 위해 이 한목숨 바치겠습니다.

오, 주여! 아버지 하나님이시여! 이제 모든 것을 포기하니 저를 도와주소서. 예수님의 이름으로 기도합니다. 아멘." (2005. 4. 14)

451. 똥구덩이

어릴 때 살던 초가삼간에 우리 가족이 다시 모여 살았다. 어느 여름날, 앞문과 뒷문을 활짝 열어놓고 시원한 바람을 맞으며 쉬고 있었다.

방에 있던 '생각의 아들'이 뒤뜰 채소밭에 나갔다가, 똥구덩이에 빠졌다고 하면서 뒷문으로 다가왔다. 오른쪽 다리의 무릎까지 똥이 묻어 있었다. 아이를 그대로 세워둔 채 물을 뿌리며 오물을 씻어내려고 애썼다. 하지만 소용이 없었다. 시간만 지체될 뿐 진척이 없었다.

그때 아이 옆에 물뿌리개가 있음을 보고, 그것을 끌어다가 아이를 씻기 시작했다. 우선 아이를 발가벗기고 머리부터 수차례 감겼다. 세수를 시키고 가슴과 배, 등을 씻긴 후, 팔을 들어 올리고 겨드랑이를 씻겼다. 다리를 벌리고 불알과 항문을 씻기고 종아리도 씻겼다.

그리고 마지막으로 발을 씻기려고 하였더니, 그때까지 양말을 신고 있었다. 양말을 벗기자 얼마나 오랫동안 신었는지 떡이 되어 있었다. 때와 땀, 먼지와 기름 등이 딱딱하게 굳어 양말이 아니라 깔창이었다.

"이게 뭐야?"

하면서 양말을 벗겨 던져버린 후 발까지 깨끗이 씻겼다. 그러자 비로소 아이가 더러움에서 벗어난 듯했다. 돌아보니 내 아들이 아니라 나 자신처럼 느껴졌다. 순수한 반면에 천진난만하여 어리석게 보이는 행동까지, 어쩌면 어린 시절의 나와 똑같다는 생각이 들었다. (2005. 4. 15)

452. 허탄한 믿음

똥구덩이에 빠졌다는 것은 세상살이 속에서 맛본 실패와 좌절이 아니던가? 오늘은 우이동 주점의 잔금이 예정된 날이다. 중개인의 자신만만한 말만 믿고 카드를 할인하여 투자했다가, 2개월 만에 1,000만 원의 손해를 보았다.

그리고 다음 주 월요일에는 다동 상가의 잔금이 예정되어 있다. 제주 주택으로 손해 본 것을 만회시켜 주겠다는 중개인의 말을 믿고 투자했다가, 10개월 만에 2,000만 원의 손해를 보게 되었다.

그러니까 작년에 4,000만 원, 올해에 3,000만 원의 손해를 본 셈이다. 이게 바로 '생각의 아들'이 빠진 그 똥구덩이가 아니고 무엇이겠는가? 사실 나는 부질없는 생각과 허탄한 믿음으로 망조가 들었다.

그러나 아들이 머리털부터 발끝까지 깨끗이 씻음을 받았다는 사실은, 예수 그리스도의 은혜와 아버지 하나님의 사랑이 아닌가? 어쩌면 그게 축복의 단초가 될 수도 있지 않겠는가? (2005. 4. 16)

453. 신용카드

신용카드로 하루하루 연명하고 있었다. 카드가 내 생활과 사업의 목줄이었다. 카드가 없으면 아무것도 할 수 없었다. 어느 날 카드사에서 연락이 왔다. 카드가 잘못되어 취소한 뒤 다시 결제하겠다고 했다. 그렇게 하라고 했더니 통지서가 날아왔다.

그런데 'ZOO BC …' 라고 찍혀 있었다. 뭔가 깊은 의미가 있어 보였다.

"ZOO BC라?"

'동물 카드?', '짐승 표시?', '666', '주(主) 비시네?' 등의 의미가 상상의 나래를 타고 다가왔다.

무슨 연유로 오래된 고택에서 며칠간 유숙하고 있었다. 하루가 지나고 이틀 밤을 잔 후 아침이 되었다. 세수하려고 마루에 나가보니 신발이 보이지 않았다. 여기저기 찾아보다가 유일하게 남은 슬리퍼를 발견했다.

툇마루를 내려가 자세히 살펴보니, 자기 짝도 아니고 외통이었다. 하지만 선택의 여지가 없었다. 그 슬리퍼를 신고 세수하러 갔다. 이른 아침이라 날씨가 쌀쌀했다. 서리가 내리기 시작한 늦가을이었다.

가마솥의 따뜻한 물을 받으러 별채로 갔다. 구들 밑이 훤히 들여다보였다. 아궁이 입구에는 통나무가 타고 있었으며, 그 안쪽에는 네모난 아름드리 기둥들이 쌓여 있었다. 박달나무와 참나무로 다듬어져 아주 단단해 보였다.

그런데 그 기둥의 절반에 불이 붙어 이글거리며 타고 있었다. 그 옆에도 다른 기둥들이 쌓여 있었는데, 역시 불이 붙어 있었다. 입구의 통나무와 안쪽의 기둥들이 모두 불타고 있어 그 화력이 대단해 보였다. 그때 불현듯 이런 생각이 들었다.

"저 화력에 헛간 같은 건물이 어찌 견딜 수 있겠는가? 금세 다 타버릴 것 같구나."

그러자 그 순간 불꽃이 역류하더니 헛간 입구의 초가집 이엉에 옮겨 붙었다. 다급한 나머지 소리를 지르며 물을 뿌리기 시작했다.

"불이야, 불! 불! 불!"

그러나 아무도 보이지 않았다. 건조한 초가집 헛간은 금방 소실할 듯했다. 그래도 최선을 다해보려고 애썼다. 물을 떠서 헛간으로 갔더니, 어머니가 헛간 안으로 들어가 바깥쪽으로 물을 뿌리며 불을 끄고 있었다.

그러자 안쪽에서는 어느 정도 진화된 듯했다. 바깥쪽에만 불씨가 남아 있었다. 내가 떠간 물로 바깥쪽 불씨를 잡았더니, 이엉에 붙은 불이 진화되고 다시 평온을 되찾았다. (2005. 4. 17. 주일)

454. 신경성 골절

시골집 다락방에서 부모님과 같이 살았다. 밤이 이슥했으나 잠을 이루지 못했다. 아버지의 다리가 골절되어 고통 중에 있었기 때문이다.

아버지가 다친 다리를 보니, 절단된 내 다리와 똑같은 부위였다. 젊은 시절에 너무 많은 일을 해서 생긴 것으로 보였다. 하지만 밤이 야심하여 구호를 요청하기 어려워 날이 새기를 기다렸다.

이윽고 날이 밝았다. 뜬눈으로 밤을 새웠다. 앰불런스를 부르려고 했지만, 아버지가 기어이 걸어서 가겠다고 하여 그에 따르기로 했다. 아버지를 부축하여 함께 걷다가 보니 길가에 병원이 보였다.

"저기 보이는 병원으로 가시죠? 골절상에는 깁스만 하면 되니 어느 곳이나 마찬가지입니다."

그러나 아버지는 한사코 거절했다.

"내가 아는 병원으로 가!"

그래서 한참 더 걸어서 한 많은 고개를 넘자 허름한 구옥이 나타났다. 그 집에 들어가 보니, 한약 재료와 약재 쓰레기들이 제멋대로 널려 있어 지저분하기 그지없었다.

아버지는 거기까지 용케 참고 걸어갔으나, 방에 들어서자 아예 엎드려

양팔로 기어갔다. 맨 안쪽 방에 한의사가 있었다. 그때 나는 속으로 이렇게 중얼거렸다.

"골절된 다리를 한의사가 어떻게 치료할 수 있을까? 깁스를 할 수 있을까?"

잠시 후 아버지가 진료를 받고 밖으로 나왔다. 거기서 준 약을 보니, 탕약 몇 봉지와 환약 몇 알이었다. 그러나 깁스는 하지 않았다.

그리고 옆에 있던 '생각의 아들'에게도 같은 약을 주었다. 그에게는 시럽 형태의 물약이었다. 왜 아들에게 약을 주었는지 물어보았다. 그러자 아들 역시 아들의 할아버지, 곧 내 아버지와 같은 병을 앓는다고 했다.

이 무슨 기구한 운명이란 말인가? 내 다친 다리와 똑같은 부위에 내 아버지와 내 아들이 동시에 골절상을 입어 약을 받다니! 나는 아예 절단되었고, 아버지와 아들은 골절되었다니!

그때 그 마음을 어떻게 표현할 수 있겠는가? 정말 서글픈 마음이 들었다. 결국은 불평불만을 토해냈다. 짜증스러운 말투로 물어보았다.

"뼈가 부러져 다리가 덜렁덜렁하는데, 깁스는 하지 않고 약만 주면 되나요?"

그러자 한의사는 마치 그 질문을 기다렸다는 듯이 말했다.

"이 병은 깁스를 하지 않아도 낫는 병이다. 신경성 골절이다. 약만 먹어도 치유가 된다."

그러나 그 한의사는 끝내 얼굴을 보이지 않았다. 나이가 많은 노인으로 짐작될 뿐이었다.

그 일이 있은 후 얼마 있다가, 어릴 때 살던 우리 집 마당으로 보이는 곳에서 공회가 열리고 있었다. 무슨 안건이 통과되기를 기다렸으나, 특별한 공방도 없이 지체되어 애를 태웠다. (2005. 4. 18)

455. 종점

특별히 정해진 곳도 없이 순례자의 길을 하염없이 걷고 있었다. 그러다가 어느 사거리에 이르자 표지판이 보였다. 난생 처음 보는 이상한 것이었다.

녹색 바탕에 하얀 글씨는 일반 표지판과 다르지 않았으나, 십자로 표시의 끝이 모두 우측으로 향해 있었고, 그 위에 글이 씌어 있었다. 하지만 무슨 글인지 분명치 않았다.

다만 기억에 남는 것은, 왼쪽 위에 쓰인 '예수 그리스도'와, 맨 아래쪽에 쓰인 '종점'이었다. '종점'이라는 글자 위에 똑같은 글자체로 2개가 더 있었으나, 아무리 생각해도 기억나지 않는다.

그리고 위쪽과 오른쪽에도 글자가 있었는데, 역시 기억이 나지 않는다. 다만 모든 글이 은혜로운 말씀이었다는 사실은 분명하다. 아무튼, 우측으로 얼마나 가면 되는지 궁금해서 가보았다. 그런데 몇 발자국을 내딛자 바로 종점이었다.

그곳에 유치원 아이들의 사진이 전시되어 있었다. 재롱잔치 때 찍은 것으로 보였다. '깨끗하고 참된 주의 종'이 아이들 복장을 하고, 그들과 함께 찍은 사진이 눈길을 끌었다.

또 여러 가지 설교 자료와 시청각 재료들도 있었다. 그중에서 특별히 내게 다가온 것은, 고리에 끼어 있는 7가지 무지개 색깔의 7개 카드였다.

(2005. 4. 19)

여러분은 그 제물을 누룩 넣은 빵과 함께 먹어서는 안 됩니다. 여러분이 이집트에서 급히 나올 때, 미처 누룩을 넣지 못하고 빵을 만들어 먹었던 것을 기억하며, 여러분은 7일 동안 누룩 넣지 않은 빵을 만들어 먹도록 하십시오. 이렇게 하여 여러분은 평생 동안 이집트에서 떠나온 날을 기억하십시오. (신명기 16. 3)

제15편

눈물의 기도

456. 풍력계

어느 신학교에서 공부하고 있었다. 대부분이 세상에서 실패하고 돌아온 사람들이었다. 만신창이 되어서야 비로소 회개하고 돌아온 탕자들, 하나님의 소명을 뒤늦게 깨달은 우준한 인간들, 하나님 앞에서 손들고 항복한 낙오병들이었다. 어쩌면 모두 나와 같은지 나도 놀랐다.

운동장 한편에 큰 전광판이 세워져 있었다. 학생마다 무슨 수치가 표시되어 있었다. 60에서 70, 또는 80이 대부분이었다. 간혹 100이 넘는 사람들도 있었으나, 그중에 나도 포함되어 있었다. 내 숫자는 147이었다. 나보다 더 큰 수치는 보이지 않았다.

그런데 그 전광판에 세찬 바람이 휘몰아치고 있었다. 쉬지 않고 계속 불어댔다. 그래서 전광판의 수치가 풍력계에 의해 돌아가는 바람의 세기를 나타내는 것처럼 보였다. (2005. 4. 20)

457. 새 물길

"일찍이 주님의 뜻이 있었던바, 길이길이 흐르는 강물을 모두 말리시고, 이제 바위를 쪼개어 새 물길을 내시니 감사합니다. 낮도 주의 것이요, 밤도 주의 것이니, 주님이 해와 달을 만드셨습니다. 한낱 물거품에 지나지 않는 빚덩어리가 저를 압박하지만, 주님의 새 물길이 임할 때 흔적도 없이 사라질 것입니다.

모가지까지 차고 올라온 빚덩이가 저의 숨통을 조이지만, 굴하지 않는 담대한 믿음을 주십시오. 하늘이 흔들리고 땅이 요동치며 바다가 넘칠지라도, 결단코 놀라지 않게 하십시오. 더욱 강하고 대담하게 하십시오.

승리는 이미 제게 주어졌습니다. 사탄의 앞잡이가 더 이상 농락하지 못하게 하십시오. 언제 어디서나 함께하시는 예수 그리스도 이름으로 기도합니다. 아멘." (2005. 4. 23)

458. 철가면

어느 시골집 재래식 변소에 앉아 있었다. 바닥에 하찮은 종이 쪼가리 하나가 보였다. 그런데 자꾸 신경이 쓰였다. 우유 같은 팩 음료에 꽂아 빨아 먹는 빨대를 싼 하찮은 종이였다. 예감이 이상해서 유심히 지켜보았다.

그때 갑자기 그 종이 쪼가리가 휙 하고 날아가 똥통 속에 떨어졌다. 뭔가 이상하여 계속 주시했더니, 아니나 다를까 그것이 가늘고 긴 지네로 바뀌었다. 몸이 길고 발이 많이 달린 절지동물이 되어 이리저리 기어 다녔다. 순간 똥통 속에서 찬바람이 불어 나왔다.

"여기에 귀신이 있었구나!"

하면서 서둘러 일어섰다. 그때 똥통에 걸쳐진 판때기 언저리에 찢어진 하얀 러닝서츠가 보였다. 순간적으로 귀신이라는 생각이 들었다. 그래서 얼른 그곳을 빠져나왔다.

"저것 또한 사탄이 깔아놓은 올무가 틀림없을 거야!"

그렇게 밖으로 나와 변소 지붕으로 올라갔다. 판자때기가 허술하여 아슬아슬했다. 서두를 수가 없었다. 모든 것이 노후하여 조심스러웠다.

그때 '일어난 진리'가 내 뒤를 따라 올라오고 있었다. 가까스로 지붕에 올라갔다. 막상 지붕에 올라가 보니 경사가 아주 심했다. 굴뚝 벽에 덧붙

여진 판자에 손가락만 한 작은 각목이 위쪽까지 길게 이어져 있었다.

그게 빠질 듯 말 듯 아슬아슬하게 붙어 있었는바, 손가락 두 개로 그걸 잡고 천천히 꼭대기로 올라갔다. 물에 빠진 사람이 지푸라기라도 잡는 심정이었다. 그때 '일어난 진리'가 말했다.

"뭘 그리 조심해? 나를 봐, 이렇게 붙잡지 않고도 가뿐히 올라갈 수 있잖아?"

그리고 성큼성큼 지붕으로 올라갔다. 그런데 조금 올라가다가 뒷걸음질하기 시작하더니 처마 끝까지 걷잡을 수없이 미끄러져 내려갔다. 거기서 잠시 버둥거리다가 엉덩방아를 찧으며 아래로 떨어지고 말았다.

다행히 거기 굴뚝이 있어 땅바닥까지 떨어지지는 않았다. 하지만 그 굴뚝 밑에 숯불이 시뻘겋게 피워져 있었다. 그곳에 털썩 주저앉고 말았다.

그가 깜짝 놀라 일어나더니, 빨갛게 상기된 얼굴로 뻘겋게 덴 손바닥을 흔들며 순식간에 내가 있는 곳까지 올라왔다. 그때 아래쪽 굴뚝 옆에 사탄이 숨어 있다가, 걸치고 있던 검붉은 망토를 뒤로 휙 젖히면서 씩 웃고 일어나는 모습이 보였다.

그 후에도 내가 가는 곳마다 줄곧 귀신이 따라다녔다. 귀신은 나 외에도 사람의 모습만 보이면 순간순간 다른 물질로 변했다. 사자같이 강한 놈이 있었고, 시중드는 놈이 있었다.

하지만 내게도 나를 돕는 수호천사가 있었다. 내가 위기에 처할 때나 한눈을 팔아 귀신의 정체를 놓칠 때, 어김없이 다가와 나를 도와주었다.

어느 날 나는 귀신을 처치할 각오를 단단히 하고 싸움을 벌였다. 그때 어떤 사람이 찾아왔다. 그러자 귀신은 시멘트 기둥에 찰싹 달라붙어 강철판으로 변해버렸다. 찾아온 손님에 아랑곳하지 않고, 이번에는 무슨 일이 있어도 기필코 귀신을 처치해야 한다는 생각이 들었다.

그래서 시멘트에 붙어 있는 강철판을 해머로 인정사정없이 내리쳤다. 강철판이 형편없이 찌그러들었다. 하지만 굵은 나사로 굳게 조여 있었는바, 쉽게 떨어지지 않았다. 그때 수호천사가 옆에서 소리쳤다.

"문제는 바로 뒤쪽에 있는 놈이야!"

그래서 뒤쪽을 보니, 사자 모양의 철가면 하나가 벽에 붙어 있었다. 언뜻 보아도 귀신의 우두머리로 보였다.

"맞아! 바로 이놈이 그 괴수야! 이놈부터 처치해야 돼!"

하면서 들고 있던 해머로 철가면 가운데 부분, 코 부위에 박힌 나사를 젖 먹은 힘까지 다해 내리쳤다. 그러자 고정된 나사가 부러지면서 코 부위 철판이 동그랗게 떨어져 나갔다. 핵이 빠져나간 듯했다. 그럼에도 귀신은 완전히 죽지 않았다. (2005. 4. 24. 주일)

459. 벼

자매의 자녀들과 방에서 무슨 이야기를 나누고 있었다. 자매는 출입구 쪽에서 무엇인가 열심히 훑고 있었다. 얼마 후에 보니, 자매는 보이지 않고 푸른 볏짚만 흩어져 있었다. 아직 설익은 벼를 잘라 이삭을 훑었던 것이다.

어떻게 그다지 깨끗이 훑었는가 싶어 살펴보니, 푸르고 연한 수숫대로 집게를 만들어 훑었다. 자매는 벼를 훑어 서둘러 도정하러 나간 듯했다. 그런데 그 벼는 내가 애지중지 가꾼 것이어서 아쉬움이 남았다. (2005. 4. 25)

460. 주의 사자

어느 집 변소 앞에서 볼일을 보려는 사람들이 줄을 서 있었다. 드디어 내 차례가 되어 안에 들어가 보니, 다소간의 공간이 있어 내 뒤에 있는 사람을 불러들였다. 우리는 앞뒤에서 등을 기대고 동시에 소변을 보았다. 그리고 밖으로 나와 마당을 가로질러 절벽을 향해 걸어갔다.

절벽과 절벽 사이에 약간 움푹 패진 계곡이 있었다. 거기 사람들이 옹기종기 모여 담소하고 있었다. 그때 절벽이 무너지고 있다는 사실을 발견했다. 우물쭈물할 시간이 없었다. 크게 소리치며 아래로 내려갔다. 절벽을 보니 벌써 어른 주먹만큼 틈이 벌어지고 있었다.

"절벽이 무너진다! 빨리 피해!"

그러자 산과 집에 있던 사람들이 혼비백산하여 피신하기 시작했다. 그때 귀중품을 모아놓은 골방이 생각났다. 디스켓이라도 가지고 나왔으면 하는 생각이 들었다. 그래서 골방으로 달려가 문을 열었더니, 그 안쪽에 있는 문이 동시에 열렸다. 골방은 안팎에 문이 2개 있었다.

그런데 안쪽에서 문을 연 사람은 '주의 사자'였다. 그가 골방에 들어 있는 귀중품들을 이것저것 만져보며 깊은 감회에 젖어 있었다.

"아니, 선생님! 어쩌자고 이렇게 태평하십니까? 어서 나오세요! 위험합니다!"

그러나 그는 눈을 지그시 감고 고개를 가로저으며 느긋하게 말했다.

"아니야, 나는 이것들과 운명을 같이해야 돼. 그래야 모든 사람이 편해."

"아니, 아무리 중요한 것이라도 그렇지, 하나뿐인 생명에 비하겠습니까?"

"아니야, 여기 있는 것들은 모두 가짜야! 진짜배기는 하나도 없어."

"그렇다면 왜 이것들을 애지중지 여기며 운명을 같이하려는 겁니까?"

"그 비밀을 나만 홀로 간직하고 떠나야 모두 편하기 때문이야."

어쩌면 알 것도 같고 모를 것 같기도 한, 정말 알쏭달쏭한 말에 고개를 갸우뚱하며 의아해했다. 그때 '주의 사자'는 물론, 나도 생매장될 수 있다는 느낌이 들었다. (2005. 4. 26)

461. 연체동물

무슨 일을 마무리하고 새 일을 하려고 했으나 진전이 없었다. 특별히 할 일도 없고 해서 방구석에 처박혀 허송세월했다. 그러다가 결국은 같이 있던 친구 '성공 기회'와 다투게 되었다.

그리고 작은 물건 하나라도 팔아보려고 시장으로 갔다. 한 중년 남성이 다가와 내 물건을 사겠다고 하면서 주섬주섬 박스에 담았다. 그것은 내가 항상 사용하는 생활필수품이었다.

나는 당장 살아갈 걱정도 하지 않고, 무슨 물건이든 팔아야 한다는 생각에 사로잡혀 있었다. 대충 계산해보니 적어도 10만 원은 넘을 듯했다. 속으로 1만 원을 깎아주고 9만 원을 받으려고 했다.

그런데 죽은 것 같기도 하고 산 것 같기도 한, 낙지 비슷한 연체동물을 그가 마지막으로 박스에 담으려고 했다. 그런데 바닥에 착 달라붙어 떨어지지 않았다. 두 손으로 힘껏 당겨보았으나 어려웠다. 마지막 남은 가느다란 힘줄 하나가 끝내 떨어지지 않았던 것이다.

나중에 이빨로 물어뜯어 보기도 했지만, 그 또한 소용이 없었다. 열불이 나서 옆집 부엌으로 달려가 어떤 자매에게 칼로 잘라달라고 했다. 그때 옆에서 그 모습을 쭉 지켜보던 자매가 말했다.

"그놈은 독이 있어 자르면 안 돼요!"

"그래도 잘라요!"

하고 다그치자 결국은 잘랐다. 그러자 그것이 자른 마디마다 생명을 분산시키는 듯했다. 마디가 없는 부분은 축 늘어져 죽은 것 같아 쓰레기통에 던져버렸으나, 마디가 있는 부분은 모두 살아 있었다. SF(공상과학) 영화에 나오는《에일리언(Alien)》을 보는 것 같았다.

그때 잘리는 부분에서 먹물 같은 것이 튕겨 내 왼쪽 가슴에 뿌려졌다. 대충 닦았으나 감당이 안 됐다. 그래서 그놈들을 다시 플라스틱 통에 넣어 큰 물통 속에 담가 놓았다. 그러자 한참 요동을 치다가 잠잠했다. (2005. 4. 27)

462. 빗짐

지난날을 돌아볼 때 빗짐이 나를 압박하고 힘들게 했으나, 이제는 마음이 편하다. 그렇다고 해서 빚을 청산하기 위한 청사진이 있는 것도 아니다. 내가 봐도 정말 이상한 일이었다.

하나님의 성령이 내 마음을 강하게 주장하고 계셨다. 이제까지 살아오면서 경험하지 못한 평화가 나를 지배했다. 늘 자신감이 없어 기어들어 가던 목소리도 얼마 전부터 차츰 살아나고 있다.

고개를 들지 못하고 허리를 펴지 못하며 살다가 요즘은 가끔 고개도 들고 허리도 편다. 긍정적인 면보다 부정적인 면이 앞선 시선도 조금씩 바뀌고 있다. 매사에 쫓기면서 항상 조급하게 생각하고 허둥대던 모습도, 이제 조금씩 느슨해지는 느낌이 든다. (2005. 4. 28)

그때 처녀가 춤을 추며 기뻐하고, 젊은이와 노인들이 함께 즐거워할 것이다. 내가 그들의 슬픔을 기쁨으로 바꿔놓고, 그들을 위로해 주겠다. 그들이 근심에서 벗어나 기뻐할 것이다. (예레미야 31. 13)

463. 과제물

무엇인가 새 일을 하려고 애썼다. 그때 '바른 빛'이라는 여종이 다가와 과제물을 주었다. 기쁜 마음으로 받아보니 '이어받음'이었다.

그리고 얼마 후 나도 내게 다가온 다른 종에게 '이어받음'이라고 하면서, 서류 3장을 호치키스로 찍어 건네주었다. (2005. 4. 29)

그러자 쇠, 진흙, 구리, 은, 금이 다 산산조각 나서, 여름철 타작마당의 겨처럼 되더니, 바람에 날려 흔적도 없이 사라졌습니다. 그리고 신상을 친 돌은 큰 산이 되어 온 땅에 가득 찼습니다. (다니엘 2. 35)

464. 표지판

무슨 일을 하기 위해 준비하고 있었다. 그런데 그 이유를 알지 못해 지체되었다. 그때 '바르고 거룩한 진리'라는 종이 다가오더니, 주변을 한번 쭉 훑어보고 벽에 달린 작은 스위치를 눌렀다. 그러자 표지판에 불이 쫙 들어왔다. (2005. 4. 30)

465. 마지막 승차

평소 돈을 잘 쓰고 말을 잘하는 친구가 있었다. 그는 누구에게나 친절하고 선물도 자주 했다. 그런데 그 모든 것이 속임수였다.

"이것은 내가 중국 갔다가 사온 명품인데 정말 귀한 물건이야. 하나밖에 없어 자네에게만 주니, 다른 친구들에게 절대 말하지 말게."

그리고 이런저런 핑계로 돈을 빌려 갔다. 처음에는 누구나 다 속았다. 하지만 소문에 소문이 꼬리를 물고 돌자 모두 알게 되었다. 그러자 그는 더 이상 친구들에게 나타나지 못하고 잠적했다.

그 후 상당한 세월이 흘렀다. 그에게 속은 사람들도 어느 정도 잊게 되었다. 자기만 속은 게 아니라 모든 친구가 똑같이 속았던바, 서로 위안을 삼았던 것이다.

그러던 어느 날 그가 다시 나타났다. 겉보기에 개과천선한 사람처럼 보였다. 하지만 그의 친구들은 냉담했다. 그것이 또 다른 속임수를 위해 포장한 건 아닌지 의심스러웠기 때문이다.

그래서 그는 천부적인 사교성에도 불구하고 외톨이로 지낼 수밖에 없었다. 어느 누구도 그에게 따뜻한 말 한마디 건네지 않았다. 보다 못해 내가 그에게 말을 걸었다. 그러자 그가 하소연했다.

"왜 모두 내 참 마음을 알아주지 않는 거야?"

"참 마음을 알아주고 안 알아주고는 나중 문제고, 내 말은 아무리 개과천선한 사람도 그 속에 본성이 남아 있기 마련인바, 사정이 변하면 언제든지 본심이 나타날 수 있다는 거야. 항상 마음을 가다듬고 깨어 있어야 된다는 뜻이야. 그러니 내 말을 양해하시게."

그래도 그는 여전히 안타까운 표정을 지었다. 내 말에 동의하지 않지만 대체로 수긍한다는 눈치였다.

"그래, 알았어."

그리고 우리는 서로 어깨를 도닥이며 위로하고 헤어졌다.

아침에, 통근차를 타야 할 시간이 촉박했다. 허겁지겁 정류장에 가보니 몇 사람이 기다리고 있었다. 겨우 한숨 돌렸다. 그때 차가 도착했다. 그런데 평소 타던 대형버스가 아니라 중형버스였다. 항상 서는 자리가 아니라 조금 떨어진 곳에 섰다.

처음 보는 버스라 어리둥절했다. 차가 바뀌었는가 싶었다. 그런데 가까이 가보니 충남으로 가는 다른 버스였다. 그리고 돌아보니 항상 기다리던 자리에서 사람들이 통근차를 타고 있었다.

돌아가 타려고 했으나 다소 거리가 있었다. 하지만 다른 방법이 없었다. 손을 흔들고 소리를 지르며 허둥지둥 걸어갔다. 그때 버스 안에서 누군가 소리쳤다.

"야, 이 사람아! 차를 타려면 빨리 달려와야지!"

그래서 불편한 다리를 절뚝거리며 뛰기도 하고 걷기도 하여 가까스로 통근차를 탔다. 그런데 막상 버스에 올라 중간쯤 가서 자리에 앉고 보니, 오래전에 죽은 사람이 내 옆에 있었다. 여름이라 그런지 반소매 셔츠를 입었다. 아무리 봐도 출근하는 사람의 모습처럼 보이지 않았다.

게다가 그 모습이 너무 흉측했다. 온몸에 푸른 반점이 덮혀 있었다. 얼굴에는 화장을 했는지, 푸른색은 보이지 않았으나 반점의 흔적이 곳곳에 남아 있었다. 보면 볼수록 징그럽고 몸서리쳐졌다.

낮에, 예배를 드리기 위해 교회로 갔다. 주보에 나온 교회 소식을 보니 이런 글이 실려 있었다.

1) 목회자 자녀교육비 지급계획 취소 예정 -> 자신이 죽어야 교회가 산다.

2) 목회자의 자녀라고 해서 자녀분이라는 존칭어를 사용해서는 안 된다.

3) 나는 예수주의 전도자요, 요한복음 강도자요, 위로의 사역자다.

밤에, 늦어서 잠자리에 들었더니 눕자마자 환상이 보였다. '바르고 거룩한 진리'라는 주의 종이 큰 항아리로 보이는 2개의 포장된 선물과, 작은 꽃다발을 내 가슴에 안겨주었다. 그 옆에 시중드는 사람도 있었다. (2005. 5. 1. 주일)

주께 복종하기를 거부하고, 주께서 보여주신 그 놀라운 일들을 곧 잊었습니다. 뻣뻣한 목에 고집만 세어서, 종살이하던 이집트로 되돌아가려고, 반역자들은 우두머리를 세우기까지 했습니다. 그러나 주는 용서하시는 하나님, 은혜로우시며, 너그러우시며, 좀처럼 노여워하지 않으시며, 사랑이 많으셔서 그들을 버리지 않았습니다. (느헤미야 9. 17)

466. 복

복에 대한 긴 말씀이 눈앞에 보였다. 처음부터 끝까지 읽었다. 한 문장 한 단락이 상당히 길었으나, 하나도 흠잡을 데가 없었다. 낱말과 띄어쓰기 등 문법에도 충실했고, 내용은 더욱 신비롭고 놀라웠다. 하나님께서 친히 하신 말씀으로 보였다. 그 일부라도 기억하려고 애썼으나 어려웠다.

'받은 권세'라는 친구가 찾아와 이런저런 얘기를 나누었다. 그는 형편이 어려워 부득이 아내와 떨어져 살았다. 아내는 서울에서 직장 생활을 하고, 자기는 시골에서 농사를 짓는다고 했다. 흔히 말하는 주말부부요, 기러기 아빠였다.

그는 지적장애인으로 반벙어리였다. 하지만 주님의 은혜로 어눌하게나마 또박또박하게 말을 했다. 그때 그의 아내가 와서 그 옆에 섰다. 그들은 한 쌍의 원앙처럼 보였다. 참으로 행복한 부부였다. 그런데 그의 아내는 아무것도 듣지 못하고 말하지 못하는 농아였다. (2005. 5. 2)

467. 정원

임진각 옆에서 아파트를 분양하고 있었다. 경쟁이 치열했다. 그때 나는 생각했다.

"당첨 여부는 하나님만 아실 일이 아닌가? 한 번밖에 없는 기회니, 많은 사람이 모이는 곳에 나도 청약하자."

그러자 내 옆에 있던 사람이 주식으로 많은 돈을 벌었다고 하면서 말했다.

"돈 많은 외국인이 사면 사고, 그들이 팔면 팔아서 떼돈을 벌었지. 그런데 똑같은 방법으로 교회 돈을 투자했더니 푼돈도 벌지 못했어. 정말 이상했어."

어느 곳에 넓은 정원이 있었다. 가로수로 큰 소나무를 심고 주변을 청소했다. 정원 안에는 애당초 거기서 자라난 느티나무와 소나무가 있었다.

그런데 느티나무 가지에 소나무 가지가 접붙여져 있었다. 오랜 세월을 서로 비비다가 그렇게 된 것으로 보였다. 그러자 원래의 느티나무 가지는 죽고 소나무 가지가 대신 살았다. 그래서 소나무 가지는 소나무와 느티나무의 영양분을 모두 빨아먹었다.

그 정원은 에덴동산처럼 보였다. 모든 나무가 하나같이 고목이었다. 그래서 나무들 속은 구멍이 뻥 뚫려 있었으며, 구멍과 구멍이 서로 연결되어

들쥐와 야생고양이들이 쫓고 쫓기는 생존 경쟁까지 벌이고 있었다.

그때 나를 시기하는 사람이 있었다. 항상 나를 따라다니며 귀찮게 했다. 그는 '위에 있는 돈'이라는 친구였다. 정원의 조경 공사가 끝난 후 내게 청소를 시킨 사람이었다. 그는 누구 못지않은 부자로서 나를 부리는 주인이었다.

그리고 그는 선한 주인이 아니라 악한 주인이었다. 내 잠자리까지 따라다니며 감시하고 귀찮게 했다. 그럼에도 나는 가난뱅이로서 그의 노예로 살아갈 수밖에 없었다. (2005. 5. 5)

468. 감사(感謝)

하나님의 도우심이 너무나 절실하여, 한 달 만에 다시 기도원으로 올라갔다.

"하나님께서 여기까지 인도하셨습니다. 제게 걸맞은 확실한 소명을 주소서. 권세와 능력도 주소서. 필요한 은사도 주소서. 더 이상 빚의 노예로 살지 않게 하시고, 주의 종으로 확실히 살게 하소서."

그러자 성령님의 감동이 왔다.

"약속의 말씀을 믿고 감사함으로 순종할 것인가? 아니면 주변 환경만 보고 계속 불평하며 부정적으로 살 것인가를 먼저 결단하라!"

"하나님 아버지시여! 이제 약속의 말씀만 붙잡고 환경은 보지 않겠습니다. 매사에 감사하고 순종하겠습니다. 더 이상 불평불만하거나 부정적으로 살지 않겠습니다."

땀으로 범벅이 된 몸으로 산에서 내려와 샤워하고 잠자리에 들었다. 정말 오랜만에 안락한 잠을 잤다.

새벽기도 중에 온몸이 뜨거워짐을 느꼈다. 어젯밤부터 비가 내려 날씨도 쌀쌀했고, 샤워하고 하복으로 갈아입어 몸도 개운했으나, 기도하고 나오면서 보니 온몸이 축축하게 젖어 있었다.

"하나님 아버지, 감사합니다! 살아 있어 감사합니다! 장애 입어 감사합니다! 가정 깨져 감사합니다! 빚짐 주셔 감사합니다! 생활 어려워 감사합니다! 충만하여 감사합니다! 편히 쉴 곳 주셔 감사합니다! 신학 시켜 감사합니다! 회개시켜 감사합니다!

기도하니 감사합니다! 순종하니 감사합니다! 허리 펴니 감사합니다! 목소리 주셔 감사합니다! 얼굴 펴서 감사합니다! 자신감 주셔 감사합니다! 수화 배워 감사합니다! 위로하니 감사합니다! 어려운 이웃 섬겨 감사합니다!

예수님의 이름으로 감사합니다. 아멘!" (2005. 5. 6)

469. 도라지꽃

'대다수 사람들'이라는 권력자의 재산증식 의혹에 대해 청문회가 열리고 있었다. 그런데 대다수 사람들이 그의 부동산 투기 등에 대해 옹호했다. 그리고 면죄부를 주려는 듯했다. 몇 사람이 이의를 제기했으나 다수결 원칙에 의해 받아들여지지 않았다.

오후가 되자 피곤했다. 의자를 젖히고 잠시 눈을 감았더니, 어릴 때 보았던 보라색 도라지꽃이 만발한 밭이 보였다. 실바람을 타고 한들한들거리는 도라지 꽃밭에 서 보니, 내가 천사라도 된 듯했다. 정말 보기 드문 경관이었고, 기분이 이상야릇했다. (2005. 5. 7)

470. 유골

새벽에 신명기 34장으로 은혜를 받았다. 모세의 주검은 세상에 남았으나 그 무덤은 오늘날까지 없다. 『기독교 강요』를 쓴 개혁자 칼뱅도 자기 유골을 세상에 남기지 않았다. 그의 유품은 강대상 하나가 전부였다.

그리고 '바르고 거룩한 진리'라는 주의 종도 자기 시신을 의과대학에 기증하여 자연을 오염시키지 않겠다고 선포했다. 사실 나도 무 유골, 무 유품, 무 유산을 선언한 지 오래되었다.

"오, 아버지 하나님이시여! 저를 받아주소서. 종을 받으시니 감사합니다. 이 모습 이대로 받아주시니 감사합니다." (2005. 5. 10)

471. 준비

마음으로 깊이 깨달은 바 있어 책 속표지에 이렇게 썼다.

'늘 선교 준비! 늘 설교 준비! 늘 순교 준비!' (2005. 5. 13)

472. 과제

어느 곳에 주의 종으로 부름 받은 사람들이 모여 있었다. 각자 크고 작은 과제가 있었다. 나도 예외가 아니었다. 내 과제는 우리 집이었다.

작은 동산으로 보이는 언덕에 각자의 과제들이 쌓여 있었다. 내 과제는 산 중턱 맨 왼쪽에 놓여 있었다. 다른 사람의 과제보다 그 양이 다소 많아 보였다. 거기까지 거리는 그리 멀지 않았으나 숲이 우거져 길이 험했다.

그때 나와 함께하는 사람이 있었다. 어차피 가야 할 길, 그와 함께 그곳으로 올라갔다. 땔감 같은 마른나무가 수북이 쌓여 있었다. 나뭇더미 맨 뒤쪽에 벼가 한 포기 보였다.

그 벼는 큰 나무 같았다. 알갱이도 영글어 이삭이 고개를 숙이고 있었다. 벼의 키가 수 미터는 되었고, 벼의 알갱이는 어른의 주먹만큼 컸다.

그때 악령이 우리를 해치려는 기미가 보여 서둘러 산에서 내려왔다. 그리고 나뭇가지 사이를 왔다 갔다 하면서 그를 피해 다녔다. 더 이상 피할 길이 없어 잡히고 말았다. 하지만 알고 보니, 그는 악령이 아니라 '최상의 뿌리'라는 주의 종으로 나의 스승이었다.

그의 실체를 확인한 나는 안심하고 그가 주는 과제를 기꺼이 받아들였다. 그리고 나와 함께한 사람에게 서류를 작성하도록 비교적 자세히 일러 주었다.

그런데 그가 가지고 온 서류를 보니 틀린 곳이 더러 있었다. 내 통장 계좌번호까지 틀렸다. 그래서 이것저것 고치라고 지적해 주었다. 나와 함께한 그는 '큰 그릇'이었다. (2005. 5. 14)

473. 차(1)

어느 집에서 주인 할머니를 기다렸으나 끝내 나타나지 않았다. 아랫목에 깔린 빈 방석만 하염없이 바라보고 있었다. 그런데 그 집은 분위기가 스산하고 기분이 좋지를 않았다. 나와 함께 있던 자매가 나가자고 하여 서둘러 그곳을 빠져나왔다.

밖에 나와 보니, 그사이에 많은 차가 몰려와 마당을 거의 메웠다. 그때 어떤 사람이 내 차를 훔쳐 산으로 달아나고 있었다. 나와 함께한 자매가 쫓아가 잡았더니, 친구의 차로 착각했다고 하면서 돌려주었다.

차를 보니 시건장치를 강제로 뜯어놓았다. 그리고 쇠붙이가 담긴 것으로 보이는 자루 하나를 실어놓았다. 너무 무거워 들 수도 없었다. 자루를 가져가라고 했더니, 장정 4명이 올라와 겨우 밖으로 굴러 내렸다.

그런데 그 자루가 자동차 옆 발판에 걸려 다시 한 번 굴리라고 했다. 그때 한 사람은 강제로 뜯어놓은 문짝의 잠금장치를 수리하고 있었다. 수십 개의 나사를 철판에 겹겹이 박으면서 나중에 다시 고정하라고 했다.

그렇게 차를 도로 찾은 나는 자매와 함께 산에서 내려왔다. 그리고 호수 같기도 하고 저수지 같기도 한 곳에 이르렀다. 주변에 먼저 온 사람들이 진을 치고 있었다. (2005. 5. 15. 주일)

474. 알람

알람이 울렸다. 새벽 4시로 알고 일어나 휴대폰을 누르고 엎드렸다.

"할렐루야! 하나님 아버지, 오늘도 감사합니다. 이제 하루 일과를 시작합니다."

냉장고에 가서 물을 꺼내 한 잔 마시고 화장실로 갔다. NIV 요한복음을 소리 내어 읽었다. 늘 하는 습관이다. 그때 휴대폰 벨이 또 울렸다. 무슨 일인가 하여 책상으로 갔다. 알람이었다.

그런데 이게 어찌 된 일인가? 조금 전에 울린 알람은 무엇이고, 이번에 울린 알람은 무엇이란 말인가? 시간을 보니 4시가 맞았다. 정말 희한한 일

이었다. (2005. 5. 16)

여러분이 들어가 차지할 땅은 빗물을 흡수할 수 있는 산과 계곡이 많은 땅이요, 여러분의 하나님 여호와께서 일 년 내내 보살피고 지켜주시는 땅입니다. (신명기 11. 11-12)

475. 권력자

나는 소음인으로 소심한 반면, '왕의 일'이라는 장로는 소양인으로 대담했다. 우리는 동업을 하지 않았으나 동종의 일을 했다. 그때 '바른 일'이라는 절대 권력자가 다가왔다. 그러자 장로가 그에게 다짜고짜 말했다.

"이리와 보시오! 이는 원래 2백만 원이나 백만 원만 내시오!"

장로의 예기치 않은 요구에 권력자는 어리둥절해 하며 돈다발 2개를 건네주었다. 그 돈은 처음 보는 것이었다. 돈을 받은 장로가 다시 내게 건네주었다.

나는 참으로 난처했다. 그 돈을 받는 것이 정당한지 의심스러웠기 때문이다. 하지만 장로는 떳떳한 돈이니 걱정하지 말라고 했다. 그 돈은 내가 필요한 보장구 대금과 같았다.

그때 나는 권력자가 준 돈을 어디까지 보고해야 할지 고민되었다. 그가 평범한 사람이 아니라 나라를 좌지우지하는 사람이었기 때문이다.

그래서 일단은 위임권자에게 결재를 받으려고 여직원에게 부탁했다. 그러자 여직원이 대통령 재가를 위한 고무인을 찍어주었다. 어쩌면 국가원수와 관련된 일로서, 어차피 보고해야 할 사안으로 보였다. 그래서 아예 대통령 재가를 받기로 했다.

길가에서 청년들이 찬양하고 있었다. 이제 그만하고 와 주었으면 좋겠다고 생각했으나 오지를 않았다. 계속 찬양만 했다. 이유인즉 아직 30세가 되지 않아 우리와 함께할 수가 없었다. (2005. 5. 17)

476. 친구(2)

한 친구가 끈질기게 나를 따라다녔다. 다름 아닌 '정욕'이었다. 어느 날 내가 버스에서 내리자 그도 따라 내렸다. 그가 길옆에 있는 여관에서 잠시 쉬었다가 가자고 졸랐다. 그 손을 뿌리치며 집을 향해 걸어갔다.

그러자 여관에서 '유혹'이라는 여인이 뛰어나와 온갖 호리는 말과 몸짓으로 유혹했다. 이 핑계 저 핑계를 대면서 가까스로 쉴만한 집에 도착했다. 너무 피곤하여 만사가 귀찮았다.

그때 '돌대가리' 친구가 그 집에 있다가, 한쪽 구석진 곳에 있는 자기 방을 빌려줄 테니 거기서 쉬라고 했다. 그래서 그의 방으로 들어갔다. 그러자 그들의 모습은 더 이상 보이지 않았다.

그리고 나를 따라다니는 또 한 친구가 있었다. 바로 '욕심'이었다. 그는 항상 나를 따라다녔고, 나는 그가 귀찮아 늘 뿌리치며 다녔으나 결코 떨어지지 않았다.

그런데 얼마 후, '욕심'이 말랑말랑한 쇠막대기 4개로 변해 있었다. 위쪽 막대기 2개는 다소 희고 깨끗했으나, 아래쪽 막대기 2개는 검고 탁했다.

어느 날 한 집에 들어갔더니, '물욕(物慾)'이라는 사람이 기다리고 있다가 우리를 맞아주었다. 그는 자기 선친이 젊었을 때 돈을 많이 벌긴 했으나,

창기와 놀아나는 바람에 재산을 낭비했다고 하면서 그 쇠막대기 4개를 모두 가져갔다.

그 후 나는 시원한 방에서 홀가분한 마음으로 잠을 잤다. 아침에 일어나 보니 떠날 시간이 되었다. 그래서 '생각의 아들'을 깨워 떠날 채비를 했다.

그때 '동녘의 미'가 맛있는 찌개 두 냄비를 끓여놓았다고 하면서 먹고 가라고 했다. 그래서 하나를 가지고 가서 그들에게 주려고 했다. 그러자 '동녘의 미'가 자기 정성을 몰라준다고 하면서 섭섭하게 생각했다. 그래서 이렇게 타일렀다.

"아무리 맛있는 음식도 한번 먹고 나면 없는 법, 나눠 먹으면 그 기쁨이 오래간다. 그러니 찌개 하나를 가져다가 그들에게 주자. 둘 중에서 더 맛있다고 생각되는 것이 있거든 그것을 가져다주고, 둘 다 똑같다고 생각되거든 제비를 뽑아 하나를 갖다 주도록 하자."

그러고 보니, 부엌 찬장을 비롯하여 식기와 수저까지 통째로 사라지고 없었다. 어찌 된 영문인지 몰라 물어보았더니, 어떤 사람이 와서 모두 가져갔다고 했다. 허망하기 짝이 없었다. (2005. 5. 18)

477. 주홍 글씨

내가 살아온 뒤안길을 돌아보니, 회전의자 4개가 나란히 놓여 있었다. 의자에 수건이 걸쳐져 있었는데, 2개가 뒤집혀 있었다. 뒤집힌 수건 하나에 글자가 빼곡히 적혀 있었다.

가까이 가서 보니, "이런?" "이를 어째?" "왜 이래?" "어떡해?" 등으로, 모두가 의문문과 부정문으로 얼룩진 주홍 글씨였다. 상당히 당황스러웠다. (2005. 5. 19)

478. 새 물

어느 날 비가 추적추적 내리고 있었다. 차를 몰고 나섰다가 급경사 비탈 길을 만났다. 어쩔 수 없이 미끄러지며 아래로 내려가게 되었다. 이미 많은 차가 아래쪽 난간에 줄줄이 처박혀 있었다. 여기저기서 도우미들이 분주 하게 실족한 사람들을 구해주고 있었다.

"아차, 내가 길을 잘못 나섰구나!"

후회가 되었으나 어쩔 수 없었다. 나름대로 최선을 다해 조심조심 차에 서 빠져나왔다. 그리고 오른손으로 차를 잡고, 왼손과 왼발을 브레이크 삼 아 살살 내려가다가 왼편 샛길로 차를 밀어 넣었다. 옆에 도우미들이 있었 으나 그들의 손을 빌릴 필요가 없었다.

샛길로 접어들자 우거진 숲과 깊은 계곡이 있었다. 하지만 길은 매우 험 했다. 얼마쯤 가다가, 도저히 더 이상은 갈 수 없다고 판단되어 돌아가려 고 했다. 그때 바로 앞에 있던 산이 갑자기 절벽처럼 우뚝 세워지며 길을 가로막았다.

위쪽을 쳐다보니 거대한 병풍을 세워 놓은 듯했고, 그 끝은 보이지 않았 다. 그곳을 벗어나려고 했으나 우거진 나뭇가지가 길을 막았다. 경치는 좋 았으나 구경할 여유가 없었다. 어떻게 하든지 그곳을 빠져나와야 했다. 하 지만 벗어날 길이 막막했다.

얼마 후 사무실로 돌아와 있었다. 나와 함께 돌아온 사람이 씻기를 원했 다. 먼저 씻으라고 화장실로 안내했다. 나는 다음 차례를 기다렸다. 그때 '마지막 현자'라는 장로가 결재를 받고 있었다. 다소간의 어려움이 있는 듯 했다. 그래서 먼저 그를 도와주었다.

그리고 목이 말라 물을 찾았다. 하지만 마실 물이 보이지 않았다. 결재권자의 사무실에 있는 물을 마시려고 물병을 보았다. 물이 바닥에 깔려 있었다.

그러나 한 모금만 마시려고 컵에다 따라 부었다. 그런데 놀라운 일이 일어났다. 물병 속에서 새 물이 나와 원래 있는 양만큼 도로 채워졌다. 마시는 양만큼 계속해서 채워지는 것을 보고 큰 감명을 받았다. (2005. 5. 20)

479. 주제 발표

학생들의 주제 발표가 있었다. 거의 모든 발표자가 자신감이 없었다. 그들은 장래에 대한 불확실성으로 심히 두려워했다. 내 차례가 되었다. 그때 학장으로 보이는 사람이 말했다.

"형제는 자질이 있어 잘할 것으로 믿는다." (2005. 5. 21)

480. 오리 새끼

길을 가다가 보니 시장기가 들어 무슨 알을 하나 샀다. 껍데기를 깠더니 오리 머리와 다리가 나왔다.

"이게 뭐야?"

하면서 깜짝 놀라 옆에 있던 대야에 던졌다. 그러자 껍질이 벗겨지면서 오리 새끼의 형체가 선명하게 보였다. 오리를 덮고 있던 끈적끈적한 물도 한꺼번에 쏟아져 나왔다. 알에서 나온 오리가 고개를 한번 끄덕이더니 긴 숨을 쉬었다. 오래 참은 것처럼 보였다.

그리고 오리 다리에 근육이 생기더니 금방 일어나 걷기 시작했다. 그런데 이게 어찌 된 일인가? 그 오리 새끼가 늘씬한 숙녀로 바뀌었다. 얼굴을 보니 '꿀벌'이었다.

그때 '생각의 아들'이 먼 길을 와서 멀미를 한다고 했다. 그래서 집에 데려다주고 나는 다시 길을 나섰다. 처음에는 차를 몰고 갔으나 나중에는 자전거를 타고 있었다. 시종일관 내 앞사람만 보고 따라갔다. 이리 가면 이리 가고 저리 가면 저리 갔다. (2005. 5. 22. 주일)

그분이 내게 말씀하셨다. "인자야, 어서 그 담을 헐어라." 내가 그 담을 헐었더니, 거기 문이 하나 있었다. (에스겔 8. 8)

481. 전도사

'다섯 규정'과 함께 가파른 산길을 내려가고 있었다. 그는 빈털터리였으나 몸은 어느 누구 못지않게 튼튼했다. 그래서 부잣집 머슴이 되었다. 그런데 감기가 들린 듯했다. 상당히 기가 죽어 있었고, 몸도 피곤해 보였다. 산 아랫마을에 이르자 그가 말했다.

"비록 작은 일이나 서너 가지 결재를 받아놓았으니, 이제 시행하면 돼."

그리고 주인의 인장이 찍힌 서류 몇 장을 건네주었다. 그때 주인이 나타나 말했다.

"벌써 5월 하순이니, 춘계 부흥회는 시기적으로 어렵지 않느냐? 취소하는 게 낫지 않겠느냐?"

'다섯 규정'은 부잣집 머슴이었으나, 교회 전도사로 사역하고 있었다. (2005. 5. 23)

482. 축복

숱한 커플이 줄을 서서 기다리고 있었다. 하나님께서 그들을 축복해 주셨기 때문이다. 그런데 나는 싱글이라 어찌할 바를 몰랐다. 그때 내 옆에 한 자매가 있었다. 그 자매는 늘 나를 따라다녔다. 하지만 아무 말 없이 조용히 있어 나는 자매를 의식하지 못했다.

그때 그 자매를 보는 순간 다소 안심이 되었다. 하나님의 축복을 받기에 부족함이 없다는 생각이 들었다. 하지만 자매가 내 짝인지 아닌지는 몰랐다. 자매의 얼굴을 본 적도 없었다. 내가 쳐다보지 않았기 때문이다.

이윽고 우리가 축복받을 차례가 되었다. 하나님 앞으로 나아가자 옆에 있던 칠판에 축복의 글이 나타났다. 너무나 소중한 글이었다. 그 글을 기억하려고 읽고 또 읽었다. 내 책에 남기기 위해서였다. 처음에는 어느 정도 기억하는 듯했지만 그 기억을 되살릴 수 없었다. 너무 긴 문장이었기 때문이다.

그런데 다른 사람의 축복은 한 문장 아니면 두 문장이었다. 그리고 두 줄로 칠판에 씌어 있었다. 길거나 짧지 않고 같았다. 하지만 그 내용은 모두 달랐다. (2005. 5. 24)

483. 연기 기둥

자리에 누웠으나 편치를 않아 이리저리 뒤척이며 잠을 이루지 못했다. 그때 희끄무레한 연기 기둥 같은 것이 떼거리로 몰려와 나를 휘감았다.

그들 중에 키가 엄청나게 큰 놈도 있었다. 그가 악령의 두목임을 직감적으로 알았다. 마침 내 옆에 통나무 장작이 있었다. 그것을 잡고, 있는 힘을 다해 그놈을 향해 내리쳤다.

"어이쿠!"

하면서 내가 도리어 자리에서 일어났다. 환상 가운데 그놈을 친다는 것이, 내 옆에 있던 책상을 실제로 내리쳤던 것이다. 나는 책상 안쪽에 의자를 밀어 넣고, 그 사이에서 잠을 잤다. 손가락이 많이 아팠지만, 다행히 껍질이 벗겨지거나 피는 나지 않았다.

그리고 보니 내가 매일 앉아 일하는 책상, 그 원흉이 아닌지 의심스러웠다. (2005. 5. 26)

484. 방해공작

모든 것을 정리하고 주의 길을 가기 위해 기도했다. 6월 18일에 3차 40일 목적기도가 끝난다.

그러니까 1980년대 초반으로 기억된다. 나는 방황하면서도 큰 은혜를 받고 있었다. 많은 환상을 보고 꿈도 꾸었다. 그 하나는 내가 믿는 자의 줄에 서서 표를 받아보니, 그 번호가 144번이었다.

이제 나는 지극히 사소한 것까지 모두 정리하고 홀가분하게 살았으면 한다. 예전에는 새벽기도 다닐 때, 아무도 없는 거리의 신호등을 무시하고 다녀도 별다른 거리낌이 없었다. 이제는 그마저 양심의 가책을 느껴 지나갈 수가 없다.

주님이 내 안에 계심을 믿고 주님만 바라본다. 그렇지 않으면 온갖 염려와 근심·걱정으로 곧잘 우울증에 빠진다. 너무 많은 문젯거리를 안고 있기 때문이다.

이제 나는 양심적으로 사소한 거리낌까지 모두 제거하기 위해 노력하고 있다. 보다 떳떳하고 당당하게 살라고 주님이 독려하신다. 그래서 그런지 사탄의 방해공작이 더욱 심하다.

마음을 비우고 상가를 넘겼으나 인수자가 대출금을 승계하지 않았다. 똑같은 옆 상가가 5,000만 원에 경매로 낙찰되었다고 했다. 대출 명의자가 피해를 입을 수 있다고 연락이 왔다.

또 선친이 목사님이고 형도 목사님이라는 사람이, 8개월 동안 토지 잔금을 주지 않고 차일피일하다가 이제는 연락마저 끊었다. 알고 보니 남의 돈을 떼먹는 전문가라고 했다.

이렇듯 모든 일이 뒤틀리고 있었다. 처음에는 운이 없다고 생각했으나, 알고 보니 내가 부덕한 탓이었다. 사실 나는 일하는 것보다 노는 것이 돈 버는 길이었다. 모든 것을 포기하고 마음을 비우려고 했더니, 사탄의 방해공작이 더욱 극성스럽다.

"오, 주여! 이제 어떡해야 합니까? 더 이상 카드대금을 돌려막을 여유가 없습니다. 부도가 목전에 다다랐습니다. 저를 이 파탄의 늪에서 건져주소서. 사탄의 방해공작을 극복할 믿음을 주소서. 예수님 이름으로 기도합니다. 아멘." (2005. 5. 27)

거기서 다윗은 주께 제단을 쌓고 번제와 화목제를 드렸다. 다윗이 땅을 돌봐달라고 주께 비니, 주께서 그 기도를 들어 이스라엘에 내리던 재앙이 그쳤다. (사무엘하 24. 25)

485. 그리스도인

오늘 새벽에도, 무거운 짐을 지고 하루하루 살아가는 나그네가 교회를 찾았다. 어찌할 바를 몰라 애태우며 간절히 기도했다. 그때 성령님이 대화의 상대가 되어주셨다.

"나는 누구인가?"

"너는 너다."

"나는 나?"

"그래, 너는 너다. 다른 이가 없다. 세상에서 유일한 존재다. 전에도 없었고, 앞으로도 없을 것이다. 너는 내 아들이다. 내가 너를 기뻐한다!"

"나는 무엇인가?"

"너는 그리스도인이다."

"그리스도인?"

"그래, 너는 그리스도인이다. 누가 뭐래도 너는 그리스도인이다. 그리스도인은 그리스도의 권세와 능력을 가지고 있다!"

"나는 어떡해야 하나?"

"그리스도를 믿으라."

"그리스도를 믿어라?"

"그래! 그리스도를 믿으라. 그리스도를 믿는 자는 그리스도의 일을 한다. 그리스도보다 더 큰 일도 한다. 더러운 귀신을 쫓아내고, 모든 병과 약한 것을 고친다. 하나님의 말씀을 가르치고, 천국 복음을 전파한다. 바람과 물결을 잔잔케 한다. 너는 그리스도를 위해 났고, 그리스도를 위해 살며, 그리스도를 위해 죽을 것이다. 그리스도인은 그리스도의 증인이다!"

(2005. 5. 28)

그는 모든 것을 버려두고 예수님을 따랐다. (누가복음 5. 28)

486. 둥근 달

모든 것을 버려두고 일어나 예수님을 따르고 싶었으나, 나로서는 어쩔 방도가 없었다. 밤새도록 뒤척이다 꿈을 꾸었다.

황량한 들판에 홀로 있었다. 바위에 걸터앉아 시름을 달랬다. 어느덧 석양이 깃들었다. 그때 하늘을 우러러보니 하늘의 권능이 흔들렸다.

태양이 오른편으로 옮겨가더니, 그 자리에 달이 하나 더 생겨났다. 달과 별이 바쁘게 움직이며 자리 배치를 새로 했다. 모든 것이 제자리를 찾아가자, 하늘에는 둥근 달 2개가 떠 있었다.

그리고 하늘에서 사람들이 땅으로 내려오는 모습이 보였다. 열기구와 같은 풍선을 타고 내려왔다. 그들 가운데 몇 사람이 내게 다가왔다. 먼저 온 사람을 보니 평화롭고 인자했다. 다정하게 다가와 무엇이라 말을 건넸다.

그 후 나는 기억에서 멀어진 옛 직장을 찾아갔다. 옛 동료들이 보였지만 하나도 반겨주지 않았다. 과장을 만났으나 그는 더욱 냉정했다. 나는 어디 앉아 무슨 일을 해야 할지 몰라 허둥거렸다.

그때 동기생 하나가 한쪽 구석에 앉아 옆 사람과 얘기하는 모습이 보였다. 그에게 가서 말을 걸어보았으나 그 역시 난감한 표정을 지었다. 그는 중견 간부로 상당한 영향력을 가지고 있었으나, 스스로 나를 피하려고 몸을 숨겼다.

거기 긴 의자가 두 줄로 가지런히 놓여 있었다. 예배당처럼 보였다. 그때 '윤택한 기운'이라는 과장이 밝은 모습으로 나타났다. 그의 얼굴에 웃음꽃

이 피어 있었다. 내게 다가와 다정하게 말을 건넸다. (2005. 5. 29. 주일)

487. 환승

화물차 짐칸에 타고 있었다. 짐칸은 철판으로 박스처럼 제작되어 눈비를 막아주었다. 어느 곳에 도착하여 내리려고 하였으나 무슨 사유로 지체되었다.

짐칸 양쪽으로 온갖 짐들이 빽빽하게 실려 있었고, 사람 하나 겨우 드나들 정도의 통로만 있었다. 그 통로 중간쯤에 네모난 플라스틱 박스가 있었고, 그 위에 내가 앉아 있었다. 내 앞으로 '부질없는 걱정' 목사님을 비롯하여 여러 사람이 내가 내리기를 기다리고 있었다.

나는 뒤로 돌아앉은 채, 박스를 조금 들었다가 옮겨놓고, 다시 조금 들었다고 옮겨놓곤 하면서, 찔끔찔끔 뒷걸음질로 나갔다. 통로가 좁아서 어쩔 수 없었다. 나를 바라보고 서 있는 사람들에게 미안했다. 그러다가 아예 박스를 들어 엉덩이에 붙이고 뒷걸음질로 차에서 내렸다.

그리고 옆으로 돌아가 보니, 청년 2명이 승용차 2대를 대기시켜 놓았다. 의자를 2줄로 배치하고 깔끔하게 청소까지 하여 사람들이 편하게 타도록 해두었다.

왼쪽 차는 내 차로 보였고, 오른쪽 차는 다른 사람의 차로 보였다. 차를 탈 사람은 다 우리 일행이었고, 2대의 차가 모두 뚜껑이 없었다. (2005. 5. 30)

"하나님 아버지시여, 이 죄인을 불쌍히 여겨주소서. 이제까지 아버지와 맺은 언약을 하나도 지키지 못했습니다.

첫째, '소금언약(소금言約)'을 어겼습니다. 주초커피를 청산치 못했고, 새벽 기도를 준행치 못했고, 요한복음을 암송치 못했고, 십의 이조를 실천치 못했고, 엘림동산을 조성치 못했습니다. 이 소금언약 5조 가운데 제대로 지킨 것이 하나도 없습니다. 사사로운 욕심에 사로잡혀 살았습니다. 용서해 주소서.

둘째, '무 유골, 무 유품, 무 유산'을 실천치 못했습니다. 주 예수 그리스도를 본받아 육신에 집착치 말게 하시고, 모든 물질을 버리게 하소서.

셋째, '사생사사(謝生謝死)'를 준수치 못했습니다. 불평불만하고 불순종하며 부정적으로 살았습니다. 근심·걱정에 휩싸여 고통스럽게 살았습니다. 감사함으로 살다가 감사함으로 들림 받게 하소서.

넷째, '아기사자(我旣死者) 예수내주(예수內住)'를 이루지 못했습니다. 제 안에 제가 살면서 예수님을 주님으로 모시지 못했습니다. 그래서 늘 엎어지고 넘어졌습니다. 저를 온전히 죽여주소서. 그리고 주 안에서 살게 하소서.

다섯째, '무심무언(無心無言) 섭리순응(攝理順應)'을 준행치 못했습니다. 제 생각, 제 감정, 제 의지대로 살다가 사탄의 먹이사슬이 되었습니다. 하나님 아버지의 뜻을 온전히 깨닫지도 못했고, 통치하심에 순응하지도 못했습니다. 이 죄인을 불쌍히 여겨주소서. 이제는 정말 하나님의 아들로 살고 싶습니다." (2005. 5. 31)

그 날이 오고 그때가 되면, 이스라엘 백성과 유다 백성이 다 함께 돌아올 것이다. 그들이 울면서 돌아와 그들의 하나님 나 여호와를 찾을 것이다. 그들은 시온으로 가는 길을 물어 그곳으로 향할 것이며, 영원히 변하지 않고 결코 깨어지지 않을 언약으로 나 여호와와 연합할 것이다. (예레미야 50. 4-5)

489. 개밥

어디서 칩거하고 있었다. 그때 한 소녀가 찾아왔다. 소녀와 함께 길을 나섰다. 운동장처럼 보이는 곳에 이르렀다. 그때 어떤 장군이 정문을 걸어 나오고 있었다. 수행원을 거느리고 지휘봉을 흔들며 의기양양했다. 소녀가 머리를 숙이며 다소곳이 예를 표했다. 장군이 지나가자 운동장을 가로질러 건물 안으로 들어갔다.

거기서 잔치가 베풀어지고 있었다. 많은 사람이 북적거렸다. 마침 식사 시간이었다. 2층으로 올라가는 계단에 밥과 반찬이 널려 있어 발 디딜 틈이 없었다. 실수로 밥그릇을 밟았다. 내 뒤를 따르던 소녀가 말했다.

"그냥 올라가세요."

그래서 아랑곳하지 않고 밥과 반찬을 밟으며 위층으로 올라갔다. 뒤따르던 소녀와 일하는 여인들이 밟힌 밥과 반찬을 다른 그릇에 담아 치웠다.

그때 '거룩한 나라'라는 사람이 2층에서 내려오다가 밥과 반찬을 모아놓은 그릇을 보고 말했다.

"아니, 내가 좋아하는 비빔밥이 여기 있었네!"

하면서 그가 먹으려고 했다. 그 모습을 보고 너무 아찔하여 그릇을 걷어차 버렸다. 그리고 다급히 말했다.

"아니야, 개밥이야 개밥!"

그리고 2층에 올라가 보니 식사가 거의 끝난 듯했다. 몇몇 사람만이 두세 군데 옹기종기 모여 식사하고 있었다.

잠시 후 소녀가 올라왔다. 소녀와 함께 밥을 먹으려고 했다. 마침 어떤 사람이 식사를 마치고 일어나 그 자리에 앉았다. 그런데 사골 국물을 보니 고기는 없고 뼈만 있었다. 그래서 한마디 했다.

"고기는 없고 뼈다귀만 있네!" (2005. 6. 1)

490. 개인회생

자정이 지나 눈을 붙였다가 2시에 깼다. 평소보다 조금 일찍 일어났다. 어디서부터 어떻게 해야 할지 몰라 그저 답답하기만 했다.

어제부터 개인회생 절차를 밟으려고 준비에 들어갔으나, 얽히고설킨 난제들이 많아 밤새도록 애를 태웠다. 소심한 성격에 우울증까지 겹쳐 더욱 힘들었다. 예배 시간 내내 머리가 띵했다.

"새 포도주는 새 부대에 담아야 한다."

지금 가지고 있는 자동차와 살고 있는 오피스텔이 분수에 맞지 않아 보였다. 자동차도 팔고 숙소도 바꿔야겠다는 생각이 들었다. 예전에 거래한 곳을 찾아 자동차 가격을 알아보니, 월부금 외에 남는 것이 없었다.

부담스러운 차를 넘겨주고 부담 없는 차를 가지고 왔다. 등록증과 원부를 건네주지 않았으나 믿고 돌아왔다. 그런데 보험을 들려고 알아보다가, 보험에 가입한 차량과 차종이 다르다는 사실을 알았다. 세상에 어찌 이런

일이! 내가 왜 이러는지? 나도 정말 나를 몰라 미칠 것 같았다. (2005. 6. 2)

491. 선한 목자

바둑판처럼 구획된 어느 도시에서 사람들이 바쁘게 살아가고 있었다. 거기 '선한 목자'라는 사람이 있었다. 그는 언제 어디서 무엇을 하든지 누구에게나 은혜를 끼쳤다. 그 비결이 어디에 있는지 배우려고 따라다녔다. 그러다가 2가지 사실을 알게 되었다.

첫째, '감사'였다. 그의 말과 기도는 감사로 시작해서 감사로 끝났다. 그것이 바로 많은 사람을 은혜와 축복의 도가니로 끌어들이는 비결이었다.

둘째, '열심'이었다. 그가 가르치는 것을 보니 12단락으로 구성되어 있었다. 그런데 그 모든 과정을 쉬지 않고 가르치니 하루가 지났다. 그렇게 매일같이 하자 다른 것은 발붙일 틈이 없었다.

그러던 어느 날, 어떤 사람이 도박으로 큰 손해를 보고 실의에 빠져 있었다. 그에게도 어김없이 '선한 목자'가 찾아왔다. 그때 그가 어떻게 기도하는지 사람들이 지켜보고 있었다.

"전능하신 하나님 아버지시여, 오늘도 참으로 감사합니다. 여기 있는 형제에게 도박으로 큰 손해를 보게 하셨으니, 어찌 감사하지 않을 수 있겠습니까? 혹시 도박으로 다소간의 이익을 보았다면, 그것을 선한 것으로 여겨 도박의 수렁에서 빠져나올 수 없었을 것입니다.

하지만 하나님께서 이 형제를 지극히 사랑하셔서, 더 큰 손해를 보기 전에 적은 손해를 보게 하심으로써, 도박이 주님의 뜻이 아니라 사탄의 올무라는 사실을 깨닫게 하셨습니다. 이 얼마나 감사한 일인지요? 이렇듯 주님께서 이 형제를 사랑하시니 너무나 감사합니다.

이제 형제가 마음속 깊이 회개합니다. 생각을 돌이켜 다시는 사탄의 유혹에 넘어가지 않기를 다짐하고 또 다짐합니다. 회개하고 회개하오니 용서하여 주소서. 저희 회개를 받아주시니 감사합니다. 용서하시니 감사합니다. 이 기도를 주님께서 선히 여기시니 감사합니다.

그리고 이 형제의 믿음을 도와주소서. 주님께서 형제의 믿음을 보시고 모든 것을 회복시켜 주소서. 형제의 기도를 받아주시니 감사합니다. 예수님의 이름으로 감사드리며 기도합니다. 아멘."

그러자 실의에 빠져 낙담하고 있던 그가 즉시 회복되었다. 그가 하나님 아버지께 감사하고 영광을 돌렸다. 그 자리에서 그의 모습을 지켜보던 사람들도 감사와 찬양을 드렸다.

'무엇이든지 네 손으로 할 만한 일을 찾으면 온 힘을 다해 하라. 네가 가게 될 무덤 속에는 일도, 계획도, 지식도, 지혜도 없기 때문이다.' (전도서 9. 10)

새벽 2시에 일어나 주님이 주신 계시의 말씀을 쓰고 교회로 갔다. 예배에 이어 기도하는 가운데 또 눈물이 왈칵 쏟아졌다.

지난 4월 초부터 시작한 부활절 새벽기도에 그토록 많은 눈물을 흘리게 하시더니, 오늘도 주님이 눈물을 흘리며 회개하게 하셨다. 선한 목자 되신 예수님이 열심히 일하시고, 늘 감사하며, 길 잃은 양을 돌보시는 본을 보여주시니 얼마나 감사한지?

오후에 우체국 통장을 해지하고 외환은행 통장도 해지했다. 그러자 그동안 우체국 통장에서 자동이체로 후원하던 7곳이 중단되었다.

이제 국민은행에서 후원을 막 시작한 곳과 직접 전달하는 몇 곳만 남았다. 빚이 많아 어렵다고 해서 구제하지 않으면, 영원히 도울 수 없을 것 같았기 때문이다. (2005. 6. 3)

492. 경비원

요즘 통상적으로 새벽 4시에 일어난다. 조금 일찍 자면 2시나 3시에 일어난다. 화장실에서 영어성경을 읽는다. 머리를 감고 세수를 한다. 교회에 가서 새벽예배를 드리고 1시간 남짓 기도한다.

그리고 집에 돌아와 운동복을 갈아입고 옥상에 올라가 간단한 운동을 한다. 하늘을 향해 소리치며 기도한다. 옥상을 몇 바퀴 돌면서 '영원한 사랑'을 찬양한다.

눈으로 사랑을 그리지 말아요.
입술로 사랑을 말하지 말아요.
영원한 사랑을 바라는 사람은 사랑의 진리를 알지요.
참사랑은 가난함도 부유함도 없어요.
괴로움도 즐거움도 주와 함께 나눠요.
나의 가장 귀한 것, 그것을 나눠 주는 것 …

옥상에서 운동과 기도를 마치고 찬양하며 내려올 때, 한 젊은이가 잠옷차림으로 올라와 나를 가로막았다.

"여기 11층에 사는 사람인데요. 야근하고 돌아와 막 잠이 들려고 하면, 어김없이 울리는 카랑카랑한 목소리에 놀라 잠을 깹니다. 제발 좀 소리 지르지 마세요. 꼭 7시만 되면 그러니 정말 미치겠어요. 경비원에게 말했더니 만날 수가 없다고 하더군요. 저기 앞 호수공원에 가서 하면 좋지 않나요?"

"아, 그래요! 제가 미처 그 생각을 하지 못했습니다. 정말 죄송합니다."

그러고 보니 운동을 하던 중 경비원이 몇 번 올라온 적이 있었다. 그러나 아무 말이 없었다. 머리만 슬쩍슬쩍 긁고 내려갔다. 그래서 그저 순찰하는 것으로 생각했다. 이제 이해가 되었다.

그런데 그들은 왜 내게 아무 말도 하지 않고, 그냥 만날 수가 없다고 하면서 핑계를 대었을까? 어쩌면 이제 이사할 때가 된 것이 아닌가 싶다. (2005. 6. 4)

그는 평화를 누리러 가는 것이다. 올곧게 사는 사람은 자기 침상에 누워 편히 쉴 것이다. (이사야 57. 2)

493. 조명

'그러므로 이제 내가 그를 타일러 빈들로 데리고 가겠다. 거기서 다정한 말로 달래주겠다. 그리고 포도원을 되돌려주고, 아골 평원이 희망의 문이 되게 할 것이다. 그러면 어린 시절처럼, 이집트 땅에서 나올 때처럼, 그가 나를 기쁘게 대할 것이다.' (호세아 2. 14-15)

"하나님 아버지시여! 저에게 조명하사 계시의 말씀을 깨닫게 하소서. 아직도 여전히 불안한 마음을 금할 길 없습니다. 이 종을 확신시켜 주소서. 오직 주님의 일에만 전념할 수 있도록 도와주소서. 예수님의 이름으로 기도합니다. 아멘." (2005. 6. 5. 주일)

494. 황금 구원

새벽에 온몸을 적시는 은혜를 받았다. 두 손을 맞잡고 간절히 기도할 때, 몸속의 뜨거운 기운이 빠져나옴을 느꼈다. 성령님의 역사가 틀림없었다.

40일간의 목적기도를 3번에 걸쳐 드리면서, 오늘이 그 3번째의 30일, 곧 110일째 되는 날이다. 앞으로 10일, 6월 18일이면 120일간의 기도를 마치게 된다.

어제 '황금 구원'이라는 사람을 만났다. 오늘 스키장 부지 385평을 1억 3천만 원에 계약하기로 했다. 그것은 내 부채 1억 3천만 원과 딱 맞는 금액이다. 계산해 보니 10만 원의 오차도 없었다. 일찍이 주님이 보여주신 계시에 따라 이루어졌다.

'기다리고 기다렸더니 비로소 주님의 구원이 임하셨다! 지난 25년 동안 나를 짓누르던 빚덩이가 하루아침에 사라졌다!'

"주님, 종의 빚을 갚아주시니 감사합니다. 이제 주님의 말씀이 이루어졌습니다. 이 종이 몸과 마음을 다해 헌신하고 충성할 일만 남았습니다. 종에게 자유를 주시고, 주의 일에 전력하도록 사용하신 '황금 구원'을 더욱 축복하여 주소서.

아울러 토지 잔금을 10달 동안 주지 않고, 자기 욕심만 채우고 있는 '중간 믿음'에게도 믿음을 허락하소서. 돌이켜 회개시켜 주소서. 그를 전도하는 것이 종의 일이라면 저를 사용하여 주소서.

한 생명이 천하보다 귀하다고 주님이 말씀하셨습니다. 그를 인도하게 하소서. 주의 종인 그의 선친과 장형, 눈물로 기도하는 그 아내의 믿음을 보시고 그를 구원하여 주소서.

또 자매의 국민은행 채무명의를 해소시켜 주소서. 자매도 종과 같이 기

도하고 있습니다. 그 기도를 들어주소서. 하루속히 모든 문젯거리를 해소
시켜 깨끗케 하소서. 예수님의 이름으로 기도합니다. 아멘." (2005. 6. 8)

495. 희망의 나래

'그때 여호와께서 나를 부르시며 말씀하셨다. 북쪽으로 간 자들이 내 노
여움을 가라앉혔다.' (스가랴 6. 8)

'그때 처녀가 춤추며 즐거워하겠고, 청년과 노인이 함께 기뻐할 것이다.
내가 그들의 슬픔을 즐거움으로 바꿀 것이며, 그들을 위로하고 슬픔 대신
에 기쁨을 줄 것이다.' (예레미야 31. 13)

오늘 새벽, 이윽고 희망의 나래가 활짝 펼쳐짐을 보았다. 할렐루야! 아
멘. (2005. 6. 11)

496. 산장

'그의 백성을 흥겹게 나오게 하시며, 그가 뽑으신 백성이 기쁜 노래를 부
르며 나오게 하셨다.' (시편 105. 43)

어느 한적한 산기슭 산장에서 친구들과 함께 지냈다. 모두 운동하러 나갔
으나, 나와 두 사람은 그대로 방구석에 처박혀 있었다. 그들의 모습이 멀쩡하
여 물어보았더니, 오래전에 다친 후유증으로 다리에 장애가 있다고 했다.

저녁이 되어 모두 침실로 들어갔으나, 나는 잠이 오지를 않아 밖에서 서
성거리고 있었다. 밤이 이슥해지자 찬 이슬이 내렸다. 방에 들어가려고 했

다. 그때 문은 분명히 닫혀 있었고 틈새는 조금도 보이지 않았으나, 어디선가 강아지 한 마리가 불쑥 나타나 문틈으로 미끄러져 들어갔다.

"세상에?"

하면서 뒤따라 들어가 보았으나 강아지는 보이지 않았다. 이미 자리를 깔고 자는 사람도 있었고, 잠자리를 준비하는 사람도 있었다. 그들 가운데 '생각의 아들'도 보였다. 그때 한 자매가 다가와 내 이부자리를 깔아 주었다.

그래서 이불 속으로 들어가 옷가지를 벗었다. 오랫동안 스타킹을 벗지 않고 지낸 듯 땀에 흠뻑 젖어 있었다. 언젠가 상처에 붙여놓은 일회용 반창고도 있었다. 그것을 다 뜯어내자 작은 상흔들이 보였다.

오랫동안 싸매놓은 다리에 공기가 통하자 시원함을 느꼈다. 피부가 깨끗지는 않았으나 그렇다고 크게 아픈 곳도 없었다. 하지만 여전히 너무 연약하여 조심할 필요는 있어 보였다.

그때 내 발치에서 몇몇 자매가 담요를 깔고 화투를 치려고 했다. 아예 밤을 새울 것 같았다. 하찮은 놀이를 위해 밤을 새우려는 그들이 너무 안쓰러워 보였다. (2005. 6. 12. 주일)

내가 이스라엘 족속에게 내 영을 부어주었으니, 내가 그들을 다시는 외면하지 않겠다. 나 주 하나님의 말이다. (에스겔 39. 29)

497. 윷놀이

주의 종들이 모여 윷놀이를 하고 있었다. 그때 한 늙은 종이 계속해서 약은꾀를 썼다. 윷을 높이 올리지 않고 살짝살짝 굴렸다. 그래서 모가 여러 차례 나왔다. 다른 사람의 불만에 아랑곳하지 않았다. 결국 그가 가장 빨리 나려고 했다. 그는 시종일관 눈치를 살폈다.

마지막으로 내가 놀 차례가 되었다. 나는 좀처럼 큰 사리를 못 놀았다. 한 걸음 한 걸음씩 더디게 나아갔다. 그런데 어쩐 일인지 모가 2번이나 연달아 나왔다. 그래서 내가 먼저 났다. 그러자 그 늙은 종이 쪼그리고 앉아 고개를 푹 숙였다. 좀 안쓰러웠다. (2005. 6. 13)

498. 스킨십

반지하방 같았으나 다소 넓은 공간이 있어 이사했다. 부지런히 청소하고 있을 때, '바른 빛'이라는 여종이 와서 도와주었다. 그리고 뭐라 한마디 하기에 말했다.

"그래도 공간이 넓어 얼마나 편리하고 좋은지 몰라요."

그런데 청소를 마치고 잠시 쉬다가, 그 여종과 다소 부적절하고 죄스러운 스킨십을 했다.

"아니, 세상에! 내가 어찌 이럴 수가? 주의 종으로 부르심을 받고도 아직도 이런 죄를 범하다니! 아무리 생각해도 이건 아니야, 있을 수 없는 일이야!"

하면서 자다가 벌떡 일어났다. 시계를 보니 자정이 가까웠다. 무슨 징조인지 몰라 통 잠을 이룰 수 없었다.

며칠 전 작은 새들이 전봇대 위에 가득히 앉은 모습이 보이더니, 이 무슨 해괴한 일이란 말인가? 아예 자리에서 일어나 샤워하고 밤을 새웠다. 그 여종의 남편이 목사님이라 더욱 죄스러웠다. (2005. 6. 14)

499. 거스름돈

내가 리더는 아니었으나, 나와 몇 사람이 어느 곳을 방문하여 협상을 벌였다. 처음에는 다소 어려움이 있었으나, 나중에는 모든 것이 원만하게 타결되어 성공리에 임무를 마쳤다.

그리고 개울을 건너 언덕길로 올라갔다. 들판을 지나 일터로 갔다. 그런데 불시 감사로 사무실 분위기가 어수선했다. 우리가 체결한 계약에 문제가 있었다는 것이다.

그래서 문제가 있다는 내용을 살펴보니, 실무적으로 미비한 점은 있었으나 경미한 사안이었다. 표적 감사를 받거나 지적받을 만한 일이 아니었다.

다만 어느 관점에서, 어떤 규정 또는 무슨 지침을 적용하느냐에 따라 달리 적용할 여지는 있었다. 그야말로 정책적이고 정무적인 현안이었다.

얼마 후 낯익은 감사관이 내게 다가와 물었다.

"이 규정을 어떻게 해서 적용하게 되었습니까?"

"인터넷으로 여기저기 조회하고 확인했으니 틀림없다고 봅니다."

"아, 그래요. 그러고 보니 내가 실수한 것 같습니다. 여기 음료수 값 5,000원만 지급하세요. 그리고 이 일은 없었던 걸로 합시다."

그래서 우리 중에서 '마지막 문서'라는 사람이 천 원짜리 지폐 5장을 꺼내 '일만 뿌리'에게 건네주었다. 그러자 그가 거스름돈이라고 하면서 5천 원짜리 지폐 1장을 다시 주었다. (2005. 6. 15)

500. 회개 공부

주의 종으로 부름 받아 선지학교에서 열심히 공부하고 있었다. 그런데 무엇인가 회개하고 싶은 마음이 간절했다. 그래서 늘 깔깔하고 삭막한 마음을 갖고 있었다. 그러다가 '공부가 회개이고 회개가 공부'인 날을 맞아, 그동안의 시름을 깨끗이 씻었다.

저만큼 높은 산에 앉으신 분이 무슨 책을 펴자, 구구절절이 애통하고 회개하는 글귀가 보였다. 나는 그것을 열심히 필기했다. 순식간에 20장을 훌쩍 넘겼다. 그러자 회개 공부가 어느 정도 마무리된 듯했다. 내 마음이 한결 후련함을 느꼈다.

그분이 가지고 있는 회개 자료는 거의 다 본 듯했다. 하지만 내가 해야 할 회개 공부는 여전히 계속될 것 같았다. 그런데 그것이 오히려 내 마음을 시원하게 한다는 생각이 들었다.

'그러자 여인이 엘리야에게 말했다. 이제야 당신이 하나님의 사람인 것과, 당신의 입에서 나오는 여호와의 말씀이 진실임을 알겠습니다.' (열왕기상 17. 24)

새벽기도 중에 회개가 일어났다. 1979년부터 2000년까지 공직생활을 하면서 주색잡기로 세월을 보냈다. 그때는 몰랐으나 돌이켜 보니, 이유 여하를 불문하고 죄로 얼룩진 날들이었다.

1980년대 초 성령의 불이 내 이마를 쪼개고 들어왔을 때도, 1992년 5월 초 '이제는 네가 산 것이 아니다!' 하고 주님이 선포하셨을 때도, 나는 여전히 주님을 외면하고 방황하며 살았다. 그야말로 사탄의 유혹에 빠져 시궁창 속에서 지냈다. 사탄은 그렇게 나의 청춘 시절을 모두 빼앗아갔다.

이제 지천명을 맞아 회개하고 돌아보니, 너무나 어리석은 시간이었음을 탄식하지 않을 수 없다. (2005. 6. 16)

501. 승리의 노래

오랫동안 기도하다가 일단 마무리했다. 그러고 보니 맨 처음, 맨 앞 장, 맨 첫 줄에 항상 기도제목이 있음을 보았다. 다시 새로운 기도를 시작하려고 정리하면서 보니, 처음 기도제목 아래 새 기도제목 3개가 추가되어 있었다. 그러나 그 내용은 기억나지 않는다.

"하나님 아버지, 참으로 감사합니다. 오늘 새벽까지 40일간 목적기도를 3차례에 걸쳐 마쳤습니다. 지난 120일간을 돌아볼 때, 사탄의 방해도 여러 차례 있었으나, 하나님의 은혜로 결국 승리했습니다.

기도를 시작한 지 얼마 안 되어 지독한 독감이 들어 어려움을 겪었고, 육신의 유혹에 넘어가 실족할 위험도 여러 번 있었으며, 마지막 순간에 교회 행사를 빌미로 지방에 내려갈 수도 있었으나, 그 또한 연기시켜 주셨습니다.

이제 드보라와 바락의 승리의 노래가, 그 감격의 노래가, 참 기쁨의 노래가, 비로소 제 노래가 되었습니다. 할렐루야! 아버지 하나님, 정말 감사합니다. 아멘." (2005. 6. 18)

내가 번제를 드리러 주님의 집으로 왔습니다. 이제 주님께 내 서원을 지키겠습니다. 이 서원은, 내가 고난 받을 때, 내 입술을 열어서, 이 입으로 주님께 아뢴 것입니다. (시편 66. 13-14)

- 이어서 『예스 4, 희망의 나래』가 계속됩니다. -

메는 1,

휴먼 드라마

제1편 **인간 이야기**

제2편 **모정의 세월**

제3편 **숙고의 시간**

메 2,

소망의 불씨

제6편 새로운 시작

제7편 **죄인의 초대**

제8편 **소망의 불씨**

제9편 **쇠잔한 영혼**

제10편 **절망을 딛고**